AF714902

Der Inselschnüffler

Die Autorin:
Monika Bannas, 1953 in Bremen geboren, hat den größten Teil ihres Lebens in ihrer Heimatstadt verbracht. Die nordfriesische Insel Amrum kennt sie durch zahlreiche Aufenthalte seit den siebziger Jahren.
Sie war langjährig tätig im Redaktionssekretariat der Bremer Tageszeitungen Weser-Kurier und Bremer Nachrichten. Für den Lokalteil dieser Zeitungen schrieb sie viele kurzweilige und amüsante Glossen.
Ihr erstes Buch »Der Stadtschnüffler – Erkenntnisse eines Bremer Hundes« erschien 2018.

Monika Bannas

Der Inselschnüffler

Ein Hund entdeckt Amrum

Edition Falkenberg

Titelabbildungen: fotolia (Hund) / Pixabay / DolfiAm (Landschaft)

1. Auflage 2023

Copyright © Edition Falkenberg, Bremen
ISBN 978-3-95494-310-4
www.edition-falkenberg.de

Alle Rechte vorbehalten. Kein Teil des Werkes darf in irgendeiner Form (durch Fotografie, Mikrofilm oder irgendein anderes Verfahren) ohne schriftliche Erlaubnis des Verlages reproduziert oder unter Verwendung elektronischer Systeme verarbeitet, vervielfältigt oder verbreitet werden.

Inhalt

Frühling

Der erste Eindruck

Was war das Allererste, das mir auf Amrum aufgefallen ist? Das möchten Sie wissen? Klären wir später. Ich stelle mich erst mal vor.

Mein Name ist Carlo. Ich bin im besten Alter, durchtrainiert, hellbraun gelockt und – stark geruchsorientiert. Normalerweise bin ich in der Stadt unterwegs, in Bremen. Dort lebe ich mit meinem Rudel. Das Rudel besteht aus einem Mann und einer Frau, deren Anhang und mir, ein Kater gehört auch noch dazu. Die Tonangebenden in dem Rudel sind die Menschen. Der Kater und ich sind die Befehlsempfänger. Der Kater pfeift auf die Befehle. Ich befolge sie, mal mehr und mal weniger.

Meine Befehlsgeber müsste ich eigentlich Herrchen und Frauchen nennen. Herrchen und Frauchen! Was soll das sein? Herrchen und Frauchen, wer hat sich diesen Quatsch bloß ausgedacht?

Wie's aussieht, kriegen die Menschen im Zusammenhang mit uns nur diese Kleinkindersprache zustande. Gassigeherin, das ist auch so ein infantiler Ausdruck, der mir stark missfällt. Niemals würde ich für die Frau, die mit mir regelmäßig loszieht, diese alberne Bezeichnung verwenden. Sie hat den wichtigen Posten einer Rudelführerin zu übernehmen, wenn meine eigentlichen Rudelführer sich vom Acker gemacht haben. Deshalb nenne ich sie auch so, Rudelführerin oder auch Chefin. Manchmal nenne ich sie auch Sheriff, Oberboss oder Oberbefehlshaberin. Früher habe ich sie mal als Hilfssheriff bezeichnet, weil sie immer nur vorübergehend die Führung übernimmt. Aber das ist vorbei. Sie hat schließlich das Sagen, wenn wir zusammen sind. Wir sind seit Jahren unterwegs und haben einige Abenteuer gemeinsam überstanden.

Jetzt gerade ist sie dafür verantwortlich, dass ich auf Amrum bin, mit ihr. Der Rest meines Rudels, abgesehen von dem Kater, befindet sich auf einer Städtereise. Eine Städtereise, das ist so ziemlich das Allerletzte. Gut, dass ich nicht mit musste. Ich bin ein Hund, da sind Sie vermutlich inzwischen auch schon drauf gekommen. Genau gesagt bin ich ein mittelgroßer beigebrauner Pudel. Und ich hasse Stadtbesichtigungen. Auf Amrum gibt es nur ganz kleine Ortschaften und viel Natur. Deshalb bin ich sehr froh, hier zu sein. Und ich habe meine spezielle Methode, dieses Eiland zu erkunden – mit meiner Nase.

Das führt uns wieder zur Eingangsfrage zurück. Mein erster Eindruck von Amrum? Es riecht hier sehr gut, ein tolles Grundaroma, eine Mischung aus Meer, Strand, Dünen, Heide und Wald und Wiese.

Die Plaudertasche

Sie fragen sich möglicherweise, wie es zu diesem Buch gekommen ist. Das war Notwehr.

Meine Chefin (also das, was gemeinhin mit dem idiotischen Ausdruck »Gassigeherin« belegt ist) liebt Amrum. Sie ist ein glühender Amrum-Fan. Außerdem quatscht sie gerne mit anderen Leuten aus meinem Begleitpersonal-Pool oder mit irgendwelchen Fremden, die sie unterwegs trifft. Aber vor allem quatscht sie mit mir, dem Hund. Genauer gesagt textet sie mich zu. Alles, was sie sieht und was sie bewegt, teilt sie mir umgehend mit. Nicht nur hier, auch in Bremen, denn die Chefin ist nicht nur glühender Amrum-Fan. Sie ist auch ein glühender Fan ihrer Heimatstadt Bremen. Aber das tut hier ja nichts zur Sache.

Jedenfalls quatscht sie. Und wenn jemand dich stundenlang volltextet, hast du drei Möglichkeiten.

Möglichkeit 1: Du schaltest deine Ohren auf Durchzug. Wenn ich meine Ohren auf Durchzug schalte, verpasse ich aber sowohl die Anweisungen meiner Chefin als auch ihre überaus angenehmen häufigen Belobigungen. Das geht also nicht.

Möglichkeit 2: Du drehst durch. Durchdrehen ist für mich keine Option. Damit würde ich mir ja selbst alles versauen.

Möglichkeit 3: Du machst was aus dem Gelaber. Notgedrungen habe ich mich für diese Möglichkeit entschieden. Ich habe mir das

Gequatsche der Chefin aufmerksam angehört, dadurch eine Menge über Amrum und auch über Bremen erfahren und naheliegenderweise jeweils ein Buch daraus gemacht.

Das Werk, in dem Sie gerade herumstöbern, ist also ein Ergebnis meiner exorbitanten Fähigkeiten zuzuhören, zu beobachten und auszuwählen. Vieles, was die Chefin über Amrum zum Besten gegeben hat, steht in diesem Buch. Aber auch ihre Marotten habe ich gnadenlos in den Text eingearbeitet.

Deshalb ein Tipp von mir: Falls Sie Ihre Erkenntnisse, Geheimnisse und Schrullen lieber für sich behalten wollen, dann schaffen Sie sich auf gar keinen Fall einen Hund an!

Pudel

Zu meiner besonderen Freude ist die Chefin nicht nur Amrum- und Bremen-Fan. Sie ist auch eine glühende Hundeliebhaberin. Pudel haben es ihr ganz besonders angetan. Einen Pudel hatte sie schon in ihrer Kindheit. Der hieß verrückterweise auch Carlo, war aber schwarz und kleiner als ich.

Mit dem hat ihre Familie damals allerhand angestellt. Er konnte Männchen machen, durch die zu einem Reifen geformten Arme springen und war völlig verrückt danach, mit den Kindern Verstecken zu spielen. Er konnte gar nicht genug davon bekommen, sie irgendwo aufzustöbern.

Abgesehen vom Verstecken spielen würde ich solchen Scheiß' auf gar keinen Fall mitmachen. Männchen machen, ich glaub', ich spinne! Ich bin doch kein Zirkushund! Naja, springen vielleicht doch. Springen macht ziemlich viel Spaß. Durch zu einem Reifen geformte Kinderarme würde ich aber vermutlich nicht durchpassen. Ich würde steckenbleiben, weil ich größer bin als der Pudel Carlo aus der Kindheit der Chefin.

Jedenfalls hat die Chefin ihre Erkenntnisse über die hohen Qualitäten meiner Hunderasse sehr früh gewonnen. Vor gefühlten tausend Jahren, um es mit einer ihrer beknackten Redewendungen auszudrücken. Ihre Kindheit ist schon ziemlich lange her, ein Wunder, dass sie sich überhaupt noch daran erinnert. Aber sie wurde offenbar so nachhaltig beeindruckt, dass sie ihr erworbenes Wissen an jeden weitergibt, der ihr über den Weg läuft. Es spielt keine Rolle, ob er oder sie das hören will oder nicht. »Pudel«, versichert sie inbrünstig, »sind das Gegenteil von Schoßhunden, die brauchen vor allem Bewegung. Außerdem sind sie total schlau.«

Ich liebe es, wenn sie solche Sätze sagt. Das kann ich gar nicht oft genug hören. Manchmal fügt sie noch hinzu, dass wir nicht haaren und deshalb eher für Allergiker geeignet sind als die meisten anderen Hunderassen. Das finde ich etwas befremdlich. Schließlich bin ich keine Decke, sondern ein lebendiges Tier.

Aber alles in allem freue ich mich sehr über die hohe Wertschätzung seitens der Chefin.

Schiff ahoi

Gerade haben wir einen Bogen gefahren, mit der Fähre. Jetzt sehen wir Amrum. Das heißt, die Chefin sieht Amrum, zumindest den Leuchtturm. Sie steht ganz still an der Reling. Scheint sie schwer zu bewegen, der erste Anblick »ihrer« Insel. Ich versuche die Witterung von dem Dackel schräg gegenüber aufzunehmen. Mehr läuft auf diesem Schiff nicht. Der kleinste Ansatz unserer üblichen Begrüßungsrituale wurde von unseren Bossen im Keim erstickt.

Mit der Fähre zu fahren macht mich trotzdem froh. Über die Nordsee schippere ich nicht zum ersten Mal. Fähre fahren bedeutet letztlich Buddeln, Baden und Rumrennen. Sogar in Bremen ist das so. Wenn wir mit der kleinen Fähre über die Weser fahren endet das stets mit ausführlichen Bewegungseinheiten am Strand, im Wasser und im Grünen.

Die Zugfahrt fand ich scheiße. Ich musste stundenlang auf dem Boden rumliegen. Die Chefin ließ oben die Landschaft an sich vorüberfliegen. Nicht nur die Landschaft, auch Hamburg und später den Nord-Ostsee-Kanal von oben aus der Vogelperspektive und den Hafen von Husum. Je näher wir dem Meer kamen, je weiter sie gucken konnte und je schräger die Bäume aussahen, desto fröhlicher wurde sie. In Niebüll gab es einen Zwischenstopp. Der Waggon mit den Amrum- und Föhr-Urlaubern wird dort abgekoppelt und an eine kleine Bimmelbahn angehängt. Die fährt dann bis auf die Mole in Dagebüll. Die Hin- und Her-Rangiererei dauert eine ganze Weile.

In Dagebüll konnte ich sogar die eine oder andere Botschaft an meine Kollegen schreiben. Es gab ein bisschen Gras und ein paar Verkehrsschilder, wo ich das Bein heben und meine Pi-Mails hinterlassen konnte. Die Fähre kam erst eine halbe Stunde nach Ankunft unserer Bimmelbahn. Ich hab' meine reisenden Kollegen darüber informiert, dass ich auf dem Weg nach Amrum bin und mich auf direkte Kontakte freue. Vielleicht treffe ich ja den einen oder anderen wieder.

Jetzt liege ich ausgestreckt auf dem von der Maisonne angewärmten Decksboden. Ich höre das Brummen des Schiffsmotors und spüre die leichten Vibrationen unter meinem Bauch.

Alle hier oben wirken entspannt, auch der Dackel von gegenüber. »Amrum ist ein idealer Ort zum Runterkommen«, behauptet die Chefin. Die Menschen müssen immer von irgendwas runterkommen. Im Gegensatz zu uns Hunden machen die meisten Menschen um vieles einen Riesenwirbel, und davon müssen sie dann zwischendurch wieder runterkommen.

Dafür soll Amrum gut sein. Das werden wir ja sehen. Ich werde meine Rudelführerin und die anderen Urlauber beobachten.

Jagdrausch

Von wegen Entspannen und Runterkommen. Die Chefin ist schon ganz relaxt, aber ich, nee, relaxt kann man das jetzt echt nicht nennen. Nach dem Anlegen in Wittdün sind wir zu Fuß am Watt entlanggezuckelt, bis Steenodde. Da ist für zwei Wochen unser Quartier. Wir brauchten nach der Reise dringend Bewegung.

Wenn man hier am Watt herumläuft, kann man als Hund allerdings gar nicht entspannt sein, jedenfalls nicht, wenn man vorher gedacht hat, dass man einen ganz normalen Spaziergang unternimmt. Denn hier am Watt und im Watt wimmelt es von Vögeln. Austernfischer, Möwen und alle möglichen anderen Seevögel, Eiderenten und Krähen. Ein riesiger Schwarm von Gänsen ist über unsere Köpfe hinweggezogen und direkt neben uns auf einer Wiese gelandet. Auf dem Deich und neben dem Deich hoppeln dicke Kaninchen herum.

Mein Instinkt hämmerte die ganze Zeit: »Jagen, jagen, jagen!« Aber mit Jagen lief nichts. Ich war an der Leine. Ohne Leine hätte ich gar nicht gewusst, wo ich zuerst hinrennen soll, so viele Viecher sind hier unterwegs. Da hätte mein Gehirn mit mahnenden Hinweisen, dass ich all diese herumflatternden und hopsenden Kreaturen nicht durch die Gegend scheuchen darf, gar keine Chance gehabt.

Aber abends, nach dem Essen im Dörfchen Nebel, kam es dann noch dicker: ein bunter Fasanenmann und seine Gattin schlenderten in aller Seelenruhe mitten durch den Ort. Die Frau, die uns im Lokal bedient hat, hat denen auch noch Brotreste hingeworfen. »Das sind Frieda und Fridolin«, hat sie uns erklärt. Frieda und Fridolin, das gibt's doch gar nicht! Fasanen mitten im Dorf, wo bin ich hier eigentlich hingeraten?

In der Nacht habe ich von Kaninchen geträumt, die so groß sind wie ich und wie aufgezogene Spielzeugtiere immer um mich herumrasen. Die Chefin hat unserer Gastgeberin beim Frühstück lachend erzählt, wie ich im Schlaf laut jaulend mit den Beinen gezuckt habe. »Scheint Carlo gut zu gefallen hier«, mutmaßte sie. Aber, ehrlich gesagt, seit gestern weiß ich, was mit dem Wort Reizüberflutung gemeint ist. Reizüberflutung, jetzt hab' ich das mal am eigenen Leib erlebt.

Kann ja sein, dass meine Chefin »runterkommt«, für mich war der erste Tag total aufregend.

Runterkommen

Wir blicken auf die riesige weite Fläche vor uns. Sand, soweit das Auge reicht. Ich halte meine Nase in den Wind. Es riecht nach Meer, nach Seetang, nach Dünengras und nach Heckenrosen. Den Geruch kenne ich von anderen Nordseeinseln. Er bedeutet stundenlanges Rumtoben am Strand, Löcher buddeln und Baden im Meer. Ich bin energiegeladen bis in die Schwanzspitze.

Auf der »Oberen Wandelbahn«, einem der beiden Flanierwege auf der Seeseite in Wittdün (es gibt auch noch eine »Untere Wandelbahn«) haben wir Marianne getroffen. Der Start zur Wanderung über den Kniepsand, so heißt der große Amrumer Strand, zieht sich aber noch. Die beiden sitzen auf einer Bank und quatschen. Das scheint gar kein Ende zu nehmen.

Marianne ist eine Freundin der Chefin und lebt und arbeitet auf Amrum. Damit hat sie sich einen alten Traum erfüllt. Jetzt lernt sie das Inselleben von einer ganz anderen Seite kennen, den Alltag halt. Der ist anders als bei uns. Marianne kann nicht mal eben los, Freunde auf dem Festland besuchen oder ihre Familie. Allein bis Dagebüll braucht sie mit der Fähre mindestens anderthalb Stunden. »Und von da aus muss ich dann ja noch weiterkommen mit dem Zug«, sagt sie. Marianne kenne ich schon länger. Wir waren mit ihr auch schon in Bremen unterwegs. »Von der Natur und vom Wetter kriege ich hier viel mehr mit als in der Stadt«, erzählt sie. Auf Amrum ist Marianne fast ausschließlich mit dem Rad und zu Fuß unterwegs. »Es ist jeden Tag ein Erlebnis, mit dem Fahrrad auf dem Waldweg von Norddorf zur Arbeit zu fahren, oft sogar im Dunkeln. Bei Regen und Sturm kann das ganz schön nerven, mit dem Sternenhimmel über mir ist es aber unbeschreiblich schön. Überhaupt Dunkelheit, die ist ja hier viel intensiver, die Helligkeit auch, eigentlich ist alles intensiver als in der Stadt. Das Tollste ist, dass das Meer so nah ist. Ich bade so oft es geht. Jetzt haben wir erstmal Frühling, danach kommt der Sommer. Da werde ich oft Besuch haben. Mal gucken, wie dann der Herbst wird, und die dunklen Monate im Winter, wenn kaum ein Tourist auf der Insel ist.«

Aber jetzt geht es endlich los. Sabbeln können die beiden ja auch beim Gehen. Es ist angenehm warm in der Frühlingssonne, und es ist hell. Auf der Wattfläche links wimmelt es von Seevögeln. Da unten dürfen wir nicht hin, Vogelschutzgebiet, Brut- und Rastplatz. Wenn es um den Vogelschutz geht, verstehen die Amrumer keinen Spaß. Das war nicht immer so. Früher haben sie Vogelnester geplündert. Der Wohlstand war nicht groß auf der Insel. Besonders nach dem Krieg waren Möweneier hochwillkommen als zusätzliches Nahrungsmittel.

In die Wattpampe wollen wir aber sowieso nicht rein. Also, ich schon, ich würde da gerne mal durchgaloppieren. Wir machen die lange Wanderung von Wittdün quer über den Kniepsand Richtung Meer. Süßwasser und meinen Ball hat die Chefin eingepackt. Zwischendurch lässt sie die die dünne, wie ein Lasso mehrfach um ihre Schulter geschlungene Leine ganz lang und wirft den Ball so weit sie kann. Sehr weit ist das nicht. Sie ist wurftechnisch eine ziemlich lahme Ente. Mariannes Armschwünge sehen wesentlich eleganter aus und sind viel effektiver.

Beide machen einen sehr entspannten Eindruck. »Bremen ist total weit weg«, sagt die Chefin. Marianne sieht das ähnlich. »Die Sorgen und Gedanken, mit denen man sich im Alltag rumplagt, kommen einem hier unter diesem unendlichen Himmel und auf diesem ausgedehnten Strand ganz klein und absurd vor«, sagt sie.

So sieht also das berühmte »Runterkommen« aus. Sogar bei mir setzt dieser Prozess jetzt langsam ein. Auch ich fühle mich heute auf dem Kniepsand frei und beschwingt. Kein Vergleich mit der Aufregung von gestern.

Das Spielgerät

Der Ball ist mein Lieblingsspielgerät. Zuhause liegt er in diversen Ausführungen in der Hundeschublade herum. Nach Amrum haben wir nur den abgenagten, von seinem Fell befreiten Tennisball mitgenommen. Manchmal redet mein menschliches Betreuungspersonal nicht vom Ball, wenn es um dieses Spielzeug geht, sondern buchstabiert B A L L. Meine zweibeinigen Freunde gehen richtigerweise davon aus, dass bei mir umgehend das Jagdfieber ausbricht, wenn jemand das Wort Ball sagt. Bei der Aussicht, mit dieser tollen Kugel spielen zu können bin ich in der Tat kaum noch zu bremsen. Ich kann mich stundenlang mit einem Ball beschäftigen. Für mich allein, indem ich ihn mit den Pfoten und der Nase hin und her dribble oder irgendwo runterrollen lasse und wieder einfange. Mir gefällt auch ungemein, wenn mein Betreuungspersonal den Ball durch die Gegend schmeißt, und ich ihn aus der Luft schnappe und wieder zurückbringe, oder wenn sie ihn verstecken und ich ihn suchen muss. Und ich liebe es, wenn jemand aus meinem menschlichen Rudel versucht, mir den Ball abzujagen.

Deshalb buchstabieren meine menschlichen Vorgesetzten das Wort Ball immer dann, wenn sie ihn mir nicht zur Verfügung stellen wollen, aber trotzdem über ihn reden müssen. Zum Beispiel in der Frage von A an B: »Wo ist denn der B A L L geblieben? «

Meine Leute gehen fälschlicherweise davon aus, dass ich nicht weiß, dass dann von meinem heißgeliebten Spielgerät die Rede ist. Die halten mich für leicht beschränkt. Als ich noch ein Hundekind war, da hab' ich natürlich tatsächlich nicht kapiert, dass B A L L das Gleiche ist wie Ball. Das ist schon Jahre her. Ich habe sehr schnell den korrekten Zusammenhang hergestellt.

Aber ich oute mich nicht. Warum auch? Schließlich ist klar, dass balltechnisch nichts läuft, wenn sie den Namen meines Lieblingsspielgeräts vor sich hin buchstabieren. Da kann ich sie genauso gut in dem Glauben lassen, dass sie schlau und witzig sind und mich immer wieder überlisten. Das fördert ihr Selbstbewusstsein und macht sie glücklich. Dann haben sie gute Laune, und das ist wiederum von Vorteil für mich.

Karnickelhypnose

Die Kaninchen sind hier echt schräg drauf. Nur zwei Meter von mir entfernt hockt so ein Viech, das sich an ein paar Gräsern gütlich tut. Wir sitzen an einer warmen Stelle zwischen Wald und Dünen. Es ist windgeschützt und so knuffig warm, dass sich die Chefin die Jacke auszieht. Jagdtechnisch läuft hier ja sowieso nichts, ich bin an der Leine. Deshalb beobachte ich das Treiben dieses Tieres im warmen Sand liegend.

Dieses Kaninchen hat die Ruhe weg. Durch Menschen lassen die sich ja sowieso schon lange nicht mehr erschrecken, aber auch meine Anwesenheit scheint diesen Hopser nicht weiter zu kratzen. Wissen diese Viecher, dass wir Hunde auf Amrum angeleint sein müssen?

Egal, interessant ist, dass dieses Kaninchen ganz anders frisst als ich. Ich fresse auch manchmal ein bisschen Gras. Aber dieses Exemplar hier nimmt sich sorgfältig einen Grashalm nach dem anderen vor. Es schiebt sich Grashalm für Grashalm rein, bis man nichts mehr davon sieht. Grashalm, mümmel, mümmel, kurz, Grashalm, mümmel mümmel, kürzer, Grashalm, mümmel mümmel, weg … Je länger man dabei zuguckt, desto müder wird man.

Ein Blick auf die Bank zeigt, dass auch die Chefin Mühe hat, ihre Augen offenzuhalten. Was sie so ermattet, weiß ich nicht genau, vielleicht die Seeluft. Oder der Duft nach Wald und Dünen lullt sie ein. Sieht ganz so aus, als würden wir hier jetzt beide ein kleines Nickerchen machen.

Hauptsache, diese schrägen Hopser erdreisten sich nicht auch noch auf meinem schlafenden Körper herumzuspringen. Zutrauen würde ich das diesen Viechern.

Blechbüchsensound

Aber aus dem Schlafen wird erstmal nichts, denn nicht nur die dreisten Karnickel, auch Fasanen rennen auf Amrum überall rum. Wenn man sie nicht sieht, dann hört man sie. Die Männchen klingen wie krakeelende Blechbüchsen. Sie sind ganz bunt, und die Menschen finden sie schön. Aber dann machen die Fasanenmännchen ihren Schnabel auf, und was kommt raus? Ein Sound, als wenn eine Blechbüchse gequält würde.

Auch hier zwischen Dünen und Wald, auf unserem lauschigen Plätzchen, hört man die krakeelenden Blechbüchsen, und manchmal sieht man das prächtige bunte Männchen oder ein graubraunes Weibchen über die Wege rennen. Beim Weibchen muss man zweimal hingucken. Das ist so gut getarnt, dass es kaum auffällt.

Die krakeelenden Blechbüchsen und ihre Weibchen würde ich zu gerne mal durch die Gegend scheuchen. Aber das findet ja hier alles nicht statt. Es bleibt mir also nichts anderes übrig, als Herrn und Frau Fasan bei ihrem betriebsamen Tun aus den Augenwinkeln zuzugucken.

Vor mir das mümmelnde Kaninchen: Grashalm, mümmel, mümmel, kurz, mümmel mümmel, kürzer, mümmel mümmel, weg, neuer Grashalm, mümmel mümmel, kurz, mümmel mümmel, kürzer … Im Augenwinkel eine herumhektisierende Fasanendame und aus dem Gebüsch eine männliche krakeelende Blechbüchse. Was soll ich dazu sagen? Das ist alles irreal hier, irgendwie völlig crazy. Und so fühle ich mich jetzt auch, crazy. Vielleicht bin ich schon eingeschlafen und alles ist nur ein Traum, oder die dreisten Hopser mit ihrem Gemümmel haben mich hypnotisiert. Hilfe, ich verliere Stück für Stück die Kontrolle. Mein Hundeselbst beginnt mir zu entgleiten …

Aber jetzt rekelt sich die Chefin. »Weiter geht's, Schnuffer«, sagt sie. Gott sei Dank, bloß weg hier!

Hundesprech

Menschen neigen im Zusammenhang mit uns nicht nur zu verniedlichender Kleinkindsprache. Noch schlimmer, sie benutzen Ausdrücke, die sie in Gegenwart von Kleinkindern niemals über die Lippen bekämen.

Wenn die Chefin mich zum Beispiel auf einen Hundekollegen aufmerksam machen will, verwendet sie nicht den üblichen Begriff »Hund«. Für fremde Hunde benutzt sie, exklusiv für mich, das Wort »Schnauwi«.

Wenn sie mit ihren Enkelkindern unterwegs ist und einen Hund entdeckt, sagt die Chefin sehr korrekt: »Guckt mal, ein Hund.« Allerdings fügt sie hinzu: »Der macht Wau-wau!« Das hat zur Folge, dass die Kinder bei jedem Hund, den sie sehen, »Wau-wau« sagen. Das war so natürlich nicht geplant, ergibt sich aber ganz von selbst. Aber das spielt ja hier eigentlich keine Rolle. In meiner Gegenwart redet sie ausschließlich von »Schnauwis«.

Die Chefin spricht mich auch selten mit meinem normalen Namen an. Statt Carlo nennt sie mich Schnuffer, Karlchen, Carlito, Schnuffi, oder, ganz schlimm, Schnulli.

Gestern Nachmittag spazieren wir am Watt zwischen Steenodde und Nebel herum. Die Chefin sieht einen anderen Hund und sagt zu mir: »Guck' mal Schnuffer, ein Schnauwi.« Das kam ihr selbst so idiotisch vor, dass sie hektisch nach allen Seiten gecheckt hat, ob diesen Scheiß' irgendjemand gehört haben könnte.

Aber das Allerschlimmste ist, dass ich auf den Quatsch reagiere. Sagt die Chefin »Schnuffer« fühle ich mich angesprochen. Bei dem absurden Begriff »Schnauwi« gucke ich mich suchend nach einem Kollegen um.

Hilfe! Das darf doch gar nicht wahr sein!

Nordseewald

Wo geht's hin? Wir sind unterwegs, mit dem Fahrrad, ich laufe nebenher. Irgendwo wollen wir Marianne treffen. Es ist kalt, zwar scheint die Sonne, aber es weht ein ungemütlicher strammer Nordwestwind. Wir fahren Richtung Leuchtturm. Will die Chefin mich da etwa raufschleppen?

Nee, beim Leuchtturm fängt der große Amrumer Wald an. Amrum soll die waldreichste Nordseeinsel sein. Beim Leuchtturm treffen wir Marianne, und dann geht's zu Fuß weiter, durch den windgeschützten Wald. Vermutlich sind wir heute stundenlang unterwegs. Mein Begleitpersonal macht einen sehr ambitionierten Eindruck.

Den größten Teil des Waldes gibt es erst seit Anfang der fünfziger Jahre. Das habe ich Gesprächen zwischen der Chefin und Marianne entnommen. Beide sind begeisterte Fans des Amrumer Waldes.

Das war bestimmt nicht einfach, auf einer Nordseeinsel mit so viel Wind und Sandverwehungen einen Wald hochzuziehen. Zur Freude vieler Insulaner und Touristen ist es trotzdem gelungen. Auch zur Freude von uns Hunden, das muss ich bei dieser Gelegenheit mal erwähnen. Aber der Wind greift immer wieder an. Das Orkantief Christian im Oktober 2013 und der darauf folgende schwere Sturm Xaver im Dezember haben fußballfeldgroße Flächen von Nadelbäumen umgeknickt wie Streichhölzer. Jetzt stehen wir vor einer solchen zerstörten Fläche. Dort sind inzwischen frische Laubbäume angepflanzt worden, die tief wurzeln und dem Wind hoffentlich gut standhalten können.

Die Chefin und Marianne haben 2014 geholfen, zerstörte Waldflächen zur Wiederaufforstung vorzubereiten, mit dem Bergwaldprojekt. Dabei haben sie sich auch kennengelernt.

Ich finde es herrlich hier, einfach herrlich. Es riecht wie verrückt, nach aufgewühlter, vom Regen durchweichter und von der Sonne wieder getrockneter Erde, und natürlich nach allen möglichen Tieren, die sich durch diese Erde wühlen.

Besuch bei Almut

Es fing verheißungsvoll an, wir waren schon fast auf dem Schotterweg Richtung Nebel. Aber nein, die Chefin biegt ab, noch nicht mal bis zur Mole sind wir gekommen. Gelandet sind wir bei Almut auf der Terrasse. Wie öde, ein Besuch.

Steenodde ist winzig. In unserem verträumten Feriendomizil am Watt zwischen Wittdün und Nebel stehen nur ein paar Häuser. Die bekanntesten sind das »Inselhotel Kapitän Tadsen« und das Lokal »Likedeeler«. Wer was einkaufen will, der muss nach Nebel oder Wittdün fahren. Einen Laden gibt es in Steenodde nicht. Dafür gibt es ein öffentliches, zur Freude der Touristen stets sauberes Klo mit Waschbecken und eine Außendusche an der Mole, ganz nah beim kleinen Strand und Bootsanleger. Die Chefin liebt Steenodde.

Wir sitzen auf Almuts windgeschützter Terrasse in der Sonne. Das heißt, die beiden sitzen mit Blick auf den Deich, das Meer dahinter und den weiten Himmel. Ich liege platt auf den warmen Steinen oben über der kleinen Treppe, die in den Garten führt. Von hier aus habe ich freie Sicht auf all die dreisten Karnickel, die sich hier rumtreiben. »Morgens springen hier sogar scheue Hasen durch den Garten und über die Wiese gegenüber«, behauptet Almut. »Vielleicht kommt ja mal einer für dich vorbei«, die Chefin beugt sich zu mir runter und streichelt mir über den Kopf. Gott, das fehlt mir noch! Aber da kommt ein anderer von meinen persönlichen Freunden um die Ecke gewackelt. Eine krakeelende Blechbüchse sondiert das Terrain.

Jetzt geht da hinter mir gerade die Post ab: »So etwas wie dieses Orkantief Christian habe ich in meinem ganzen Leben nicht erlebt«, erzählt Almut. Sie ist auf der Insel geboren und kennt starke Stürme. »Das fing damals ganz harmlos an mit schönem sonnigen Wetter. Die Eltern wurden aufgefordert, ihre Kinder aus der Schule abzuholen. Und ich dachte, dass das früher auch anders war, da hat man nicht wegen jedem starken Wind so ein Aufhebens gemacht.«

Aber dann hat der Orkan beinahe Almuts Wohnzimmerscheibe eingedrückt. Ihr schwerer hölzerner Gartenzaun flog durch die

Gegend, und das Tief Christian reduzierte den schnuckeligen kleinen Steenodder Wald in Nullkommanix auf weniger als die Hälfte. Christian hinterließ ein ziemliches Trümmerfeld. »Ich war allein zuhause und habe krampfhaft versucht, das Fenster zuzudrücken. Gott sei Dank kam gerade jemand, der mir helfen konnte. Der Zaun war hin, viele Bäume im Wald geknickt wie Streichhölzer. Schrecklich!«

Na, vielen Dank, sowas muss ich nicht erleben. Gut dass wir zu dem Zeitpunkt zuhause gemütlich im weniger stürmischen Bremen weilten. Und gut, dass ich hier gerade gemütlich rumhängen kann, komplett orkanfrei. Dafür nehme ich sogar die nervigen Hopser und die staksigen Vögel mit der schrillen Stimme in Kauf.

Im Wahn

Das Gras am Deich wogt pudelig hin und her. Die Schafe mit ihrer Wollmasse sehen so pudelig aus, dass ich mich frage, warum sie nicht umkippen. Die Ponys tragen eine pudelige Mähne, und manche Blumen haben ganz pudelige Blüten. Alles, aber auch alles sieht heute pudelig aus.

Sogar die Reetdachhäuser werden von einer pudeligen Mütze geschmückt. Und die Dünen sind von einer pudeligen grünen Behaarung überzogen. Auch die Menschen machen mit ihren vom Winde verwehten Frisuren einen pudeligen Eindruck, die Chefin inklusive. Und aus der Ferne sehen sogar die Bäume pudelig aus. Amrum ist ein pudeliger Ort, das wird mir gerade bewusst.

Alles, aber auch alles ist heute pudelig. Aber, warum nicht? Wir haben schließlich Urlaub. Nur, eigenartig ist das schon. Hat mich vielleicht der Inselkoller erwischt? Sowas soll es geben, Leute, die nach einer gewissen Zeit auf einer Insel einen Koller kriegen. Das hat die Chefin erzählt. Allerdings hat sie noch keinen kennengelernt, dem das so ging. »Das Gegenteil ist der Fall«, sagt sie. »Die Leute kriegen einen Koller, wenn sie von der Insel wieder runter müssen.«

Das hilft mir bei der Klärung meiner außergewöhnlich pudeligen Verfassung jetzt aber leider auch nicht weiter. Wo ich doch selbst, im Gegensatz zu sonst, im Moment gar nicht pudelig aussehe. Schließlich war ich beim Friseur. Meine Sheriffs in Bremen haben mich da wieder mal hingezerrt, gegen meinen ausdrücklichen Willen. Mein Fell ist ziemlich kurz geschoren worden. Deshalb biete ich im Moment keinen pudeligen, sondern einen lämmchenhaften Anblick. Nicht, dass ich da froh drüber bin, das nicht. Das ist aber eigentlich auch egal, weil ich jetzt erst mal irgendwie diese verworrene Pudelsache in den Griff kriegen muss. Vielleicht einfach mit einem Punkt? Punkt!

Ebbe und Flut

Die Chefin kapiert nicht, warum sie das nicht kapiert. Die Rede ist von Ebbe und Flut. Warum geht das Wasser weg, warum kommt es nach ein paar Stunden wieder. Meine Oberbefehlshaberin hat sich schon oft an der Nordsee rumgetrieben. Außerdem ist sie in Bremen geboren, wo es in der Weser auch Ebbe und Flut gibt. Aber sie checkt dieses Gezeiten-Ding einfach nicht.

Das stört sie, und das ist typisch für sie. Die meisten Leute, die hier rumrennen, wissen nicht, warum es Ebbe und Flut gibt und kommen damit wunderbar klar. Mir persönlich ist das sowieso komplett egal. Ich muss sowas nicht wissen. Ebbe oder Flut, mir gefällt beides. Bei Flut klappt es mit dem Baden besser, bei Ebbe kann ich im Schlamm rumwetzen, sofern die Chefin das nicht verhindert. Leider schätzt sie das nicht. »Danach sieht Carlo immer aus wie ein Schwein«, behauptet sie. Sie braust mich dann mit klarem Wasser ab, damit ich wieder wohnungstauglich werde. Das scheint ihr nicht so viel Spaß zu machen. Mir schon. Das Waschen nicht, aber das Trockenrubbeln mit einem Handtuch danach. Göttlich finde ich das.

Aber zurück zu Ebbe und Flut. Die Chefin ist halt anders als ich, sie denkt zu viel. Sie sucht ständig nach Erklärungen. Deshalb will sie diesen Gezeitenkram jetzt endlich begreifen. Das hat was mit dem Mond zu tun, so viel weiß sie schon mal, aber irgendwie auch mit der Sonne und mit Anziehungskräften. Diese Wissensfetzen schwirren unsortiert in ihrem Kopf herum.

Ich möchte ihr auf keinen Fall zu nahe treten. Ich glaube aber, ihr Gehirn ist für abstraktes Denken nicht sonderlich gut ausgelegt. Ich finde das gar nicht schlimm. Mein Gehirn taugt zum Beispiel gar nicht für abstrakte Gedanken. Ich denke die nie, bin von Haus aus Praktiker und finde das prima.

Na, vielleicht kriegt sie das Gezeitending trotzdem noch auf die Reihe. Sie gibt die Hoffnung jedenfalls nicht auf. »Heute gucken wir bei Quedens im Buchladen mal nach dieser Postkarte, auf der das erklärt wird«, lässt sie mich wissen. Okay, gebongt, aber erst nach einem ausführlichen Gang durch die freie Natur.

Vogelkoje

Die Chefin stapft barfüßig durch den Sand und durch das Wasser und grinst über beide Backen. Mir scheint, sie kommt tatsächlich immer weiter runter. Im Moment sieht sie fast schon ein bisschen weggetreten aus.

Der Wind schiebt uns vorne am Meer vor sich her, auf dem Kniepsand von Norddorf Richtung Süden. Dieses Mal sind wir wieder zu dritt. Rita ist mit von der Partie. Sie ist eine Freundin der Chefin aus Bremen und weilt auch für ein paar Tage auf der Insel. Ich kenne sie schon aus Bremen. Auch sie hat dieses eigenartige Grinsen im Gesicht und sieht schon sehr weit runtergekommen aus. Auch sie ist ein großer Amrum-Fan.

»Das ist die reinste Lichttherapie hier«, findet die Chefin. Rita pflichtet ihr bei: »Das stimmt, die Helligkeit steigert irgendwie die Laune, meine auch.« Tatsächlich reflektiert der feine weiße Sand das Licht. Die Sonne scheint nicht heute Nachmittag, aber es ist trotzdem sehr hell. Auch meine Laune befindet sich auf einem sehr hohen Level. Allerdings ist das fast immer so, wenn ich draußen rumrennen kann.

Die beiden wollen mit mir zur Vogelkoje. Vogelkoje, was soll das sein? Ein Schlafplatz für Vögel? Ein großes Bett, in das sich abends alle diese fliegenden Viecher reinlegen?

Wir wandern zwischen den hohen Dünen quer über den Strand und dann die Holztreppe hoch Richtung Quermarkenfeuer. Zu meiner Verblüffung klettern wir nicht ganz rauf bis zu dem kleinen rot-weißen Leuchtturm. Die beiden bleiben nur kurz stehen, gucken nach oben, japsen »Gott, ist der schön!« und »Was für ein schnuckeliger kleiner Leuchtturm!« und dann geht's auch schon weiter auf dem Bohlenweg Richtung Vogelkoje. Jagdbeute hoppelt in Kaninchengestalt durchs Gelände. Aber hier läuft ja sowieso nichts, das habe ich inzwischen akzeptiert, wenig begeistert. Außerdem zappeln die Biester auf Amrum überall rum, in jedem Garten, in den Dünen, auf der Heide und im Wald, nur am Strand nicht. Ich seh' die schon gar nicht mehr, ich gucke einfach durch die durch.

So, und was ist jetzt die Vogelkoje? Sie entpuppt sich als ehemalige Entenfangstation aus früheren Zeiten, als das Fangen von Enten auf Amrum noch erlaubt war. Okay, schauen wir uns das an, es kann ja nicht ewig dauern.

Dreiste Viecher

Auf den ersten Blick sehe ich viele Leute mit Kindern, ein Wildgehege mit Rehen, einen Spielplatz und eine überdachte Terrasse mit Kiosk. Die ehemalige Entenfangstation liegt etwas im Wald versteckt. Auf den zweiten Blick quellen mir fast die Augen aus dem Kopf. Alles voller Vögel hier, Enten und Fasanen, Krähen und Graugänse und Singvögel. Mein Instinkt verfällt sofort wieder in den Jagdmodus. Meinem Instinkt fällt es wesentlich schwerer als meinem Gehirn, das Jagdverbot zu verinnerlichen. Das Gehirn sagt »Nein!«. Der Instinkt schreit »Jagen!!!!« Die einzigen Vögel, die ich gerade nicht so gern hin- und her scheuchen würde, sind die erwachsenen Gänse. Die sind eindeutig zu groß. Der Rest könnte eine Menge Spaß bringen.

»So, Carlito, jetzt musst du einen Moment warten.« Die Chefin kauft am Kiosk eine Tüte Weizenkörner und bindet mich an einem Pfosten fest. Rita und sie entfernen sich ein paar Schritte, und ich sehe staunend zu, wie sie die gierigen Vögel füttern. Die sind überhaupt nicht ängstlich. Die erwachsenen Gänse fressen ihnen sogar aus der Hand. Das ist gut, die sollen mir bloß nicht zu nahe kommen mit ihrem langen Hals und dem großen Schnabel. Aber sie interessieren sich sowieso nicht für mich. Sie sind scharf auf das Futter, wetzen hin und her und verjagen sich gegenseitig mit lautem Zischen. Mehrere Grauganspaare führen ihre Küken spazieren, die sogar zwischen den Füßen der Chefin und ihrer Freundin herumwuseln.

Ehrlich gesagt, dieses ganze Viehzeug ständig direkt vor der Nase zu haben, das stumpft einen nach einer gewissen Zeit irgendwie ab. Mein Instinkt jedenfalls fährt langsam Level für Level herunter, je länger ich mir diese Versammlung von Jagdbeute angucke. Er hämmert nicht mehr »Jagen, jagen, jagen!« Mein Instinkt weist inzwischen nur noch diskret darauf hin, dass alle diese Viecher, abgesehen von den zischenden Gänsen, rein theoretisch mal eben ein bisschen in schnelle Bewegung gebracht werden könnten.

Sieht fast so aus, als ob auch mein Instinkt schon auf Runterkommen programmiert ist.

Ente in Konservendose

Die Chefin und ihre Freundin streben dem Rundweg um die Vogelkoje entgegen. Keine Ahnung, warum. Eigentlich kennen die das hier schon alles. Ganz ruhig bleiben, tief in den Bauch atmen, auch dieser lahme Gang wird vorübergehen.

Also tapern wir am Kojenwärterhaus vorbei, wo sie sich zum hundertsten Mal durch die Fenster die karge Einrichtung angucken.

Und weiter geht's über die Bohlenwege. Zum x-ten Mal lesen sie, dass die Amrumer in der Vogelkoje zwischen 1866 und 1936 rund 420.000 Enten gefangen haben. Die armen Viecher wurden mit Hilfe von Futter und Lockenten in die Ecken des quadratischen Kojenteiches gelockt. Die Ecken mündeten in Kanäle, Pfeifen genannt. Über die wurden Netze gespannt. Waren die Wildenten in die Pfeifen geschwommen, trieb der versteckte Kojenmann sie in die Reusen am Pfeifenende. Dort holte er sie einzeln heraus und drehte ihnen den Hals um.

Nicht schön für die Enten und ziemlich unfair. Viel unfairer jedenfalls, als wenn ich sie durch die Gegend jage. Da haben sie immerhin eine Chance abzuhauen. Außerdem fresse ich sie nicht. Ich werde schließlich zuhause ausreichend versorgt.

Aber egal. Das ist jetzt sowieso vorbei. Früher, als der Wildentenfang so richtig in Gang gekommen war, gab es sogar eine Konservenfabrik in Nebel. Eingemachtes Wildentenfleisch von Amrum wurde in etliche Städte des Deutschen Reichs transportiert. Es war begehrt, vor allem in Hotels und Pensionen.

Jetzt heißt das hier Naturerlebnisraum Vogelkoje Meeram. Auf Tafeln wird alles erklärt, auch die Natur ringsum, der Bruchwald, die Feuchtgebiete, die im Sommer trockenfallen, die Kreuzkröten und die seltenen Moorfrösche, die hier leben. Die Chefin und Rita lieben das hier, und ich bin froh, dass wir jetzt am Ende angelangt sind und auf Waldwegen zügig weiterwandern Richtung Norddorf.

Dort gibt es dann garantiert den nächsten lästigen Zwischenstopp. Aber bis dahin sind es noch erfreuliche 2,5 Kilometer.

Die Insel der stille(n Örtchen)

Es muss jetzt mal gesagt werden, ist aber eigentlich sowieso kein Geheimnis: Die meisten Frauen müssen öfter als die meisten Männer. Wenn ich mit männlichem und weiblichem Betreuungspersonal unterwegs bin, ist das jedenfalls nicht zu übersehen.

Warum das so ist, das soll bei Gelegenheit mal ein Arzt oder Biologe erklären. Jedenfalls ist es eine Tatsache. Wenn die Menschenweibchen unterwegs nervös werden, kann ich mit ziemlicher Sicherheit davon ausgehen, dass sie eine öffentliche Toilette suchen.

Menschenweibchen hassen es, unterwegs zu sein, verzweifelt nach einem stillen Örtchen Ausschau zu halten und keines zu finden. Noch absurder ist, dass ihnen oft gar nichts anderes übrig bleibt, als ein Lokal aufzusuchen, das WC zu benutzen, ein Getränk zu sich zu nehmen und auf Grund dieses Getränks schon nach gar nicht langer Zeit vor dem gleichen Problem zu stehen.

Amrum ist deshalb ein Paradies für weibliche Zweibeiner. Hier gibt es kostenlos zugängliche stille Örtchen an allen Ecken und Enden, während der Saison sogar draußen auf dem Kniepsand. Es gibt sie aber auch am Schwimmbad, am Fähranleger, am Yachthafen, bei der Mole in Steenodde, im Haus des Gastes in Nebel, beim Leseraum in Norddorf, an Strandübergängen und zum Teil auch an Spielplätzen. Und es gibt sogar Toiletten im Wald. Für mich spielt das ja eigentlich keine Rolle. Meine »großen« Hinterlassenschaften werden von der Chefin eingesammelt und in einen der vielen Mülleimer entsorgt. Dafür hängen hier sogar jede Menge Kackatüten-Spender. Kackatüten, schon wieder so ein idiotischer Ausdruck der Chefin. Pi-Mails gestattet meine Rudelführerin mir auch nicht überall. Aber die vielen öffentlichen kostenlosen Klos findet sie natürlich super.

Inzwischen gibt es Schilder, auf denen die Entfernung zur nächsten Toilette angegeben ist, zusammen mit einer Kennung, an welchem Punkt man sich gerade befindet. Die Insel ist in Zonen eingeteilt. So kann die Chefin im Notfall die Kennung in ihr Telefon eingeben und die Notfallzentrale weiß sofort, wo wir sind. Also natürlich nicht, wenn sie mal aufs Klo muss, sondern wenn sie oder einer unserer Begleiter und Begleiterinnen einen Unfall hat oder wenn wir aus irgendeinem anderen Grund nicht weiterkommen.

Mir könnte das eigentlich alles egal sein. Mein persönliches Problem ist das ja nicht. Aber mir ersparen diese vielen sanitären

Lokalitäten lästige Zwischenaufenthalte in irgendwelchen Cafés, wo ich dann warten muss, bis es endlich weitergeht. Deshalb hier mein herzlicher Dank an die Amrum-Touristik. Aus der Sicht eines Hundes haben die das sicherlich noch gar nicht betrachtet.

Jetzt brat mir einer nen' Storch

Was wollen wir da denn? Ein Ausflug zur Nachbarinsel Föhr, Marianne ist heute dabei. Mit der Fähre dauert das eine knappe Stunde. Diesmal sitzen wir drinnen, und die beiden gucken durch die großen Panoramascheiben auf das in der Sonne glitzernde Meer.

Aber jetzt haben wir Föhr erreicht. Zu meinem Ärger wollen meine beiden Leinenhalterinnen sich im Hafen- und Hauptort Wyk umgucken. »Die kleinen Gassen mit den schnuckeligen Kapitänshäusern sind wirklich hübsch«, findet die Chefin. Ja, ja, säusel, säusel. Mich turnt das alles ab hier. Ich hasse es, durch schmale Gassen zu laufen, in denen ich zu allem Überfluss noch nicht mal mein Bein heben und Botschaften an meine vierbeinigen Kumpel hinterlassen darf. Ich bin froh, als wir endlich Richtung Watt marschieren. Der Strand liegt auf Föhr an der Wattseite, anders als auf Amrum, da liegt er auf der Seeseite. Es ist gerade Niedrigwasser und deshalb können wir auf der großen Sandwattfläche vor Wyk herumspazieren. Gegenüber liegt die Wattseite von Amrum.

Natürlich wollen die beiden Damen danach noch auf der Strandpromenade und in den Seitengassen bummeln, shoppen und Kaffee trinken. Das ist eigentlich immer so, wenn irgendwo eine Einkaufsmeile auftaucht. In Geschäfte rein und wieder raus, irgendwo rumhängen und Kaffee schlürfen, zum Gähnen langweilig. Gut, dass ich mich eben im Watt schon ausgepowert habe. Ich werde mich in irgendwelche Ecken in den Läden und im Café verdrücken und warten. Auch dieser Shopping-Quatsch ist irgendwann vorbei.

Als wir an der Strandpromenade ankommen, traue ich allerdings meinen Augen nicht. Vorne beim Brunnen steht ein ausgewachsener

Storch. Er spaziert seelenruhig durch die Gegend. Das kann doch gar nicht wahr sein. Das ist irgendwie schon surreal. Zwei kleine Terrier kläffen aufgeregt herum, aber der Storch lässt sich selbst dadurch nicht irritieren.

Ich finde ihn ziemlich unheimlich. Weil er so groß ist. In mein Beuteschema passt der jedenfalls nicht rein. Bei so einem großen Viech mit einem dermaßen langen Schnabel halte ich lieber die Klappe und Abstand. Ein Storch mitten im Ort, damit habe ich natürlich nicht gerechnet. Auch meine beiden Begleiterinnen können kaum glauben, was sie da sehen.

Später erklärt uns ein Buchhändler, dass es auf Föhr Storchennester gibt und ein Gehege, in dem verletzte Störche aufgezogen werden. Die werden dann so zahm, dass sie alle Scheu vor den Menschen und sogar vor den Hunden verlieren. Sagenhaft!

Sand, Sand, Sand

Warum ist der Amrumer Sand so weiß und fein? Für die Chefin, die ja schon seit Anfang der siebziger Jahre auf diesem Eiland unterwegs ist, war das immer ganz selbstverständlich. Bis sie mal mit einer Freundin hier war, die Amrum noch nicht kannte. Die saß am ersten Tag im Sand auf einer der weißen Dünen, die den Übergang zum Strand bilden. Sie ließ den Sand immer und immer wieder durch ihre Finger rieseln und war völlig verzückt. »Das gibt's ja gar nicht, wie fein und hell und weich der Sand hier ist«, staunte sie. Seitdem weiß meine Oberbefehlshaberin diesen besonders schönen Sand noch mehr zu schätzen.

Viele Jahre hat sie sich damit zufriedengegeben, dass der Sand so schön ist, wie er ist. Aber jetzt will sie wissen, warum. Das habe ich vorausgesehen, ich kenne mich in ihren Gehirnwindungen inzwischen sehr gut aus. Also bricht unsere heutige Radtour zum Norddorfer Hundestrand jäh ab am »Maritur«, dem Norddorfer Naturzentrum. Eine hochgradig frustrierende Erfahrung. Ich kann den Strand und das Meer schon riechen. Aber die Chefin stellt ihr Fahrrad ab, und wir marschieren da rein. »Dauert nicht lange«, tröstet sie mich, »geht gleich weiter.« Na hoffentlich!

Zu ihrer großen Freude und meinem großen Ärger darf ich tatsächlich mit in diesen Laden. Gleich im Eingangsbereich findet sie, was sie sucht: einen unterteilten Kasten. In dem einen Teil liegt Amrumer Sand, in dem anderen Teil Sylter Sand. Man kann da seine Hand reinschieben (also ich natürlich nicht, ich habe ja auch gar keine Hand), und den Unterschied fühlen. »Der Sylter Sand ist viel grobkörniger« findet die Chefin ihre Vermutung bestätigt. Aber warum?

Wir steuern auf den jungen Mann zu, der hinter einem Tresen sitzt, und sie fragt ihn. Und jetzt weiß sie es endlich, und ich auch.

Vor Amrum liegen große Sandbänke, eigentlich ist der Kniep ja auch eine große Sandbank, die langsam an die Insel angewachsen ist. Die Sandbänke schützen die Insel und liefern diesen feinen Sand. Sie bremsen die Brandung aus. Dadurch ist sie nicht stark genug, um die schweren Sedimente mit sich zu nehmen. Diese leichte Brandung trägt nur die leichten Sedimente weiter, und zwar massenhaft. Und das ist dieser schöne Amrumer Sand. Die Sylter haben keine Sandbänke und eine starke Brandung, deshalb sieht ihr Sand anders aus.

Ganz nebenbei haben wir auch noch erfahren, dass Amrum immer weiter wächst. Es lagert sich immer mehr Sand an. Das soll für eine Nordseeinsel sehr außergewöhnlich sein.

Egal! Jetzt geht es nämlich tatsächlich weiter, direkt auf die helle Weite des Amrumer Strands mit seinem Pudersand, in dem ich nach Herzenslust herumwühlen werde.

Der Steinroman

Was liegt an, wo geht's hin? Wir sitzen im Bus nach Norddorf. An der Endstation wandert die Chefin mit mir sehr zielstrebig in Richtung Norddorfer Strand. Aber dann stoppt sie am Naturzentrum Maritur. Was will sie da denn? Da waren wir doch schon drin.

Sie will aber gar nicht rein. Sie steht vor dem großen riffeligen und welligen Stein rechts neben der Tür und fängt an zu lesen. Was gibt's denn da zu lesen? Das ist doch nur ein schnöder Stein. Aber tatsächlich steht dort was von einem »Roman eines Steins«. Und den will sie sich jetzt reinziehen, einen ganzen Roman, hier, während ich neben ihr rumhänge. Was für ein Albtraum!

Sie guckt zu mir runter, und ich gucke missmutig zu ihr hoch. »Dauert nicht lange«, behauptet sie und streichelt mir über den Kopf. »Stell dir mal vor, Carlo, dieser Stein hier ist eine Milliarde Jahre alt.« Das kann ich mir nicht vorstellen, genauso wenig wie sie. Ich will es mir auch gar nicht vorstellen. Ich habe jetzt keine Zeit für solche Überlegungen. Ich will weiter zum Hundestrand, buddeln und baden. Aber die Chefin wird das jetzt lesen, so viel steht fest. Und sie wird es mir auch erzählen. Da führt sowieso kein Weg dran vorbei. Also, dann mal los jetzt.

»Hier steht, dass sich vor 1.000.000.000 Jahren das skandinavische Gebirge zu falten begonnen hat. Der Stein soll damals in bis zu 20 Kilometer Tiefe geraten und durch die große Hitze da unten weich geworden sein«, fasst die Chefin den ersten Teil zusammen. »Durch seitlichen Druck bekam er diese eigenartige wellenförmige Struktur. Dann hat sich das Gebirge erhöht, und der Stein gelangte wieder nach oben, an die Erdoberfläche. Schließlich wurde er mit den Gletschern der Saale-Eiszeit vor 200.000 bis 120.000 Jahren nach Amrum transportiert und dort 1987 auf einem Acker der Amrumer Geest gefunden.«

Mehr kommt nicht. Das war's schon? Das war ja echt mal ein kurzer Roman, sehr kurz dafür, dass er einen Zeitraum von einer Milliarde Jahren umfasst.

Die Chefin betrachtet und betatscht noch ein bisschen den Stein, und dann wandern wir erfreulicherweise zügig weiter. Es wird noch ein sehr bewegter Tag. Ich bewege mich wie verrückt, indem ich den halben Hundestrand umgrabe. Danach bewegen wir beide uns noch die ganze Strecke am Wasser entlang bis zum Nebeler Strand und durch Nebel über den Wattweg nach Steenodde.

Es gibt keine besonderen Vorkommnisse mehr, wenn man mal davon absieht, dass die gesamte Insel besonders ist. Die Sonne scheint, Menschen und Hunde haben gute Laune und grinsen vor sich hin.

Am Watt haben alle ihre übliche Position eingenommen. Die Aussternfischer stehen stumpf mit dem Rücken zu uns unten am Kliff und warten auf Niedrigwasser. Die Enten schwimmen draußen im Meer rum, und ein Schwarm Graugänse ist gerade eingeflogen, um die Wiesen abzugrasen.

Die Wolken liegen groß und still und hellblau am Himmel. Sie haben die unterschiedlichsten Formen. Ganz zackig sind sie, als wären sie zerfetzt worden. Es sieht aus, als hätten sich Kinder eine Schlacht mit hellblau gefärbter Zuckerwatte geliefert.

Und was sagt meine liebe Rudelführerin, als sie sich zuhause auf das Sofa fallen lässt? »Carlo, ich bin völlig k.o.« Das war ja vorauszusehen.

Krakeelende Badende

7.45 Uhr, kurz vor Hochwasser am kleinen Strand von Steenodde: Die Chefin hat sich mit Almut und Rita zum morgendlichen Bad im Meer verabredet, aber jetzt kriegen die drei die Kurve nicht. Das Wasser ist kalt, viel kälter als nachmittags am Kniep, und da hatte es auch nicht mehr als 18 Grad. Aber da führt meine Rudelführerin nicht so einen Tanz auf. Sie marschiert rein in die Brandung und taucht dann schnell ein.

Heute Morgen hampelt mein Begleitpersonal wenig entschlussfreudig am Wasser rum. Die Damen halten einen Fuß rein und ziehen ihn wieder zurück. Während ich meinen Ball auf der Mole hin und her kicke, gucke ich mir dieses Affentheater aus den Augenwinkeln an.

Jetzt rennen sie zum Ende der Mole und klettern dort eine Leiter runter. Mit viel Geschrei lassen sie sich nacheinander ins Meer gleiten. Sie prusten und keuchen. »Da frieren einem ja die Beine ab«, kreischt die Chefin. »Das kann doch nicht gesund sein«, japst Almut. Sie treten und boxen das Wasser, um warm zu werden, und drehen schließlich schwimmend eine Runde in der Steenodder Bucht. »Es kribbelt überall«, befindet Rita. »Jetzt wird es gerade etwas besser, aber lange drinbleiben können wir nicht«, schnauft sie, während sie Turbobewegungen mit den Armen macht.

Lachend klettern alle drei aus dem Wasser wieder raus, schnappen sich Handtücher und Bademäntel und wickeln sich ein. »Jetzt nach Hause, schön heiß duschen, und dann ausgiebig frühstücken.« Und ab geht's.

Ich brauche keine heiße Dusche. Das fehlte noch. Ich bin durchgewärmt von der Morgensonne und meinen ballsportlichen Aktivitäten. Aber gegen einen gefüllten Futternapf habe ich jetzt auch nichts einzuwenden.

Stinkende Störfaktoren

Es gibt auf Amrum jede Menge Störfaktoren in Form von Pflanzen, Häusern, Landschaften und, und, und … Die Chefin sieht irgendwas und schreit: »Mensch, toll, das muss ich mir genauer angucken!« oder noch schlimmer: »Da müssen wir mal eben reingehen.« Solche Sätze lösen eine Welle von Frustration in meiner empfindsamen Hundeseele aus.

Manche Störenfriede lauern an jeder Ecke. Sie tauchen in den unterschiedlichsten Farben auf, gerne in Rot, Rosa, Weiß und Gelb. Viele von ihnen verströmen Gerüche wie übersüßes Parfum, so lieblich, dass einem als Hund schlecht davon werden kann.

Bei meiner Oberbefehlshaberin löst der Anblick dieser Störfaktoren Begeisterung aus. Der von ihnen ausgehende Duft verursacht ihr großes Wohlbehagen. Das Wohlbehagen ist so groß, dass sie extra stoppt, um einen tiefen Atemzug von diesem süßen Gestank in sich aufzunehmen. »Gott, riecht das toll«, stöhnt sie dann wohlig vor sich hin.

Das sind Momente, die mir ein Höchstmaß von Selbstverleugnung und Nachsicht abverlangen. Ich muss mich zwingen, meinen Bewegungsdrang zu unterdrücken und das idiotische Verhalten der Chefin zu verstehen. Es sind Momente, in denen ich vor mich hin bete, dass es bestimmt gleich weitergeht, dass ich Geduld haben muss mit ihr, sie hat ja auch Geduld mit mir, dass sie bestimmt gleich noch tollere Laune hat als vorher, dass wir irgendwann endlich im Wald oder am Kniep ankommen, wo wir vor den bunten stinkenden Störfaktoren sicher sind.

Das kostet mich sehr viel Kraft und innere Stärke. Die unzähligen Rosen auf Amrum sind eine echte Herausforderung.

Fische glotzen

Jetzt hat sie sich schon wieder festgebissen, an Fischen, von denen man eigentlich gar nicht viel sieht, nur ihre dunkelgrauen Rücken. Und groß sind sie auch nicht, manche von ihnen sind sogar ziemlich klein. Meine Oberbefehlshaberin glotzt sie an, als seien sie ein Weltwunder. Sie läuft an diesem Gewässer nach links und nach rechts, zerrt mich dabei hinter sich her, zeigt hierhin und dorthin und redet mit wildfremden Leuten. »Was sind das für Fische? Wie kommen die hier hin? Waren die schon immer hier?« Mein Gott, das sind Fische in einem See. Was ist daran so außergewöhnlich? Fische kennt die Chefin doch aus Bremen. In den Gewässern der Wallanlagen schwimmen die auch rum, Brockenfische. Wenn sie im Sommer unter der Wasseroberfläche auftauchen, dann sagt die Chefin immer: »Das sind aber richtig große Brocken.« In Wahrheit sind das Karpfen.

Also, was soll dieses Herumgehampel hier? Wann geht es endlich weiter? Soll ich mich vielleicht mal kurzerhand losreißen?

Meine vorwurfsvollen Blicke nach oben haben keinerlei Wirkung. Im Wriakhörn See wimmelt es von Fischen, und meine Chefin, die diesen See seit gefühlten tausend Jahren kennt (um es mit ihrem beknackten Vokabular auszudrücken), ist völlig aus dem Häuschen.

Eigentlich hat sie die Entstehung des Wriakhörn Sees gar nicht wirklich mitbekommen. Der war nicht immer da. Entstanden ist er durch den Wind, bzw. die Sandmassen, die der Wind Anfang der sechziger Jahre vom Kniepsand zu einem langen Dünenwall zusammengeschoben hat. Dadurch entwickelte sich zunächst mal ein mooriges Gelände. Bei Sturmfluten drang von Osten her aber immer noch Seewasser ein. Diese Wassereinbrüche beendete das Küstenschutzamt erst 1977. Die Öffnung wurde mit Baggern und Planierraupen geschlossen. Heute ist der Wriakhörn See bis zu 2,20 Meter tief, eine Riesensüßwassertränke und Badewanne für Vögel, vor allem Möwen. »Früher mussten wir vom Campingplatz Richtung Kniep ein Stück glitschigen, moorigen Weg laufen. Das quietschte zwischen den Zehen«, weiß die Chefin zu berichten. So war das also Anfang der 70er-Jahre. Heute führt an der Stelle ein Steg über den See.

Okay, das ist alles sehr schön, obwohl ich persönlich gegen ein Stück glitschigen Moorweg nichts einzuwenden hätte. Die Fischfrage werden diese ahnungslosen Touristen aber hier und jetzt sowieso nicht aufklären. Da wenden sie sich doch besser an einen sachkundigen Insulaner. Es darf auch gerne eine Insulanerin sein.

Wir sollten also ganz dringend mal weitergehen, auf dem Bohlenweg über den Wriakhörn See und über die hohe Düne in die endlose Weite des Kniepsands. Am besten bevor ich durchdrehe und mich doch noch losreiße.

Rä grä krääh

Warum heißt die Lachmöwe Lachmöwe? Angeblich, weil sie lacht, das war ja klar. Sie trägt den lateinischen Namen Larus ridibundus, lachende Möwe. Larus ridibundus, das hört sich total schön an. Aber ich glaube, es hat keiner so genau hingehört beim Lachmöwengeschrei. Die Lachmöwe lacht doch gar nicht. Ich kann aus dem rä grä grä krää krääh beim besten Willen kein Lachen raushören. Das ist ihr Balzruf. Auch das durchdringende kriiiärr, das wir schon oft gehört haben, oder das kurze kik hört sich nicht lächerlich an. Ein spöttisches Lachen soll das sein. Okay, von mir aus, aber ich habe sowas noch nie bei Menschen gehört. Die Chefin lacht auf keinen Fall so, weder mit noch ohne Spott, aber das spielt ja eigentlich auch keine Rolle.

Die Chefin hat überhaupt gerade erst herausgefunden, welche von den vielen Möwen Lachmöwen sind. Mit dem Auseinanderhalten der verschiedenen Möwenarten tut sie sich ziemlich schwer. Mir ist das sowieso piepschnurz, solange die mich nicht angreifen. Und selbst dann tut es nichts zur Sache, wie die heißen. Dann muss ich zusehen, dass ich mich so schnell wie möglich unsichtbar mache.

Der Chefin ist sowas aber überhaupt nicht egal, das haben ich und vermutlich auch Sie, liebe Leserinnen und Leser, inzwischen gelernt. Im Falle der Lachmöwe haben die neuen Erkenntnisse der Chefin sogar zwei Fliegen mit einer Klappe geschlagen. Die kleinen Möwen auf Amrum, kaum größer als Tauben, sind die gleichen kleinen Möwen mit roten Beinen und rotem Schnabel, die haufenweise in der Bremer Innenstadt an der Weserpromenade rumrennen. Sie hat sich schon immer gefragt, wie die heißen. Sie haben graue und weiße Federn, mit schwarzen Rändern und einen braunen Kopf, bis zum Ende der Brutzeit. Im Winterhalbjahr bleibt von dem Braun nur noch ein dunkler Fleck hinter dem Auge.

Das Lachmöwen-Rätsel ist also endlich gelöst. Auch die Fischfrage im Wriakhörn See hat sich geklärt. Es waren Karpfen. Vermutlich haben die gerade gelaicht als wir da letztes Mal unterwegs waren. Dann plantschen sie massenhaft im flachen Uferbereich herum und ihre grauen Rücken gucken aus dem Wasser. Sie sind von Angelfreunden in den See ausgesetzt worden. Es gibt aber auch andere Fischarten im Wriakhörn See, die im Gefieder von Vögeln als Laich mitgebracht wurden. Sogar Aale hat man dort schon gesichtet. Sie können längere Strecken an Land zurücklegen und schaffen es auch bei überdurchschnittlichem Hochwasser über den Kniepsand bis zum Wriakhörn See.

Mal sehen, auf welcher Frage die Chefin als nächstes herumkaut.

Modellbau

Der Ebbe- und Flut-Sache ist meine Rudelführerin jedenfalls weiterhin auf der Spur. Sie rennt jetzt mit einer Postkarte zu dem Thema durch die Gegend. Weil's, wie gesagt, mit dem abstrakten Denken bei der Chefin hapert, begibt sie sich in unserem Quartier auf die Suche nach Modellen für Erde, Mond und Sonne. Natürlich wirft sie auch begehrliche Blicke auf mein heißgeliebtes Spielgerät. »Der B A L L« nuschelt sie vor sich hin, »der wäre doch super als Erde geeignet.« Wehe, Finger weg!

Im Küchenschrank wird sie schließlich fündig. Sie kehrt mit einem Apfel und einer kleinen runden Zwiebel zurück. »Jetzt gucken wir uns das mal an«, beginnt sie mit ihrem Modellversuch. Die Vorlage dafür hat sie in einem Kinderbuch in der Buchhandlung Quedens entdeckt, in dem sie herumgeblättert hat.

»Das ist die Sonne«, erklärt sie mir (dem Hund!). Sie platziert eine kleine Tischlampe in der Mitte des leergeräumten Esstisches. »Dies ist die Erde.« Sie legt den Apfel mit einigem Abstand neben die Lampe und daneben mit viel kleinerem Abstand die Zwiebel. Das soll der Mond sein. Dann zieht sie die Vorhänge zu und knipst die kleine Lampe an.

»Die Erde dreht sich einmal am Tag um sich selbst. Auf der Seite, die zur Sonne zeigt, ist Tag, auf der anderen Nacht.« Die Chefin dreht den Apfel langsam auf der Stelle. Die Seite vom Apfel, die zur Lampe zeigt wird jeweils hell. »Die sich um sich selbst drehende Erde kreist gleichzeitig um die Sonne. Das dauert ein Jahr«, deklamiert sie laut vor sich hin. Also bewegt sie den sich langsam um sich selbst drehenden Erd-Apfel noch viel langsamer um die Sonnen-Tischlampe. Dabei wandert sie um den Tisch herum und stakst mit den Füßen über die Lampenschnur. Als sie mit dem langsam um sich selbst rotierenden Erd-Apfel bei der noch viel langsameren Umrundung der Tischlampen-Sonne endlich wieder am Zwiebel-Mond angekommen ist, schnappt sie den mit der anderen Hand. »Der Mond dreht sich um die Erde. Das dauert einen Monat«, fährt sie fort. Mühsam versucht sie, den Zwiebel-Mond in einer mittleren Geschwindigkeit (ein Monat) um den sich wesentlich schneller um sich selbst rotierenden Erd-Apfel (ein Tag) kreisen zu lassen. Das Ganze bei langsamer Umrundung beider Planeten um die Nachttischlampen-Sonne (ein Jahr). Ein äußerst hoher Schwierigkeitsgrad, Erdapfel und Zwiebelmond trudeln kreuz und quer über den Tisch. Hauptsache die Chefin bricht sich nicht die Haxen bei ihrem Gestolper über die Lampenschnur. Dann wäre unser ganzer schöner Urlaub versaut.

Aber wenn ihr dieses Rumgehampel hilft, dann ist das doch schön für sie. Dann geht sie jetzt eben davon aus, dass Sonne, Erde und Mond völlig besoffen durchs All fliegen. Das macht ja nichts. Was dieses Rumgekreisel mit Ebbe und Flut zu tun haben soll, weiß ich aber immer noch nicht. Die Chefin auch nicht.

Aber wenn sie das endlich gerafft hat, wird sie mich umgehend darüber unterrichten. Auf ihre Mitteilsamkeit kann ich mich hundertprozentig verlassen.

Besen und Tonnen

Die Chefin versucht ständig ihren Horizont zu erweitern. In ihrem Fall handelt es sich um die Erweiterung des Wissensbergs, der sich in ihren Gehirnzellen stapelt. In meinen Augen ist das meiste davon überflüssig. Diese Ansicht teilt die Chefin nicht.

Zu ihrer eigenen Verblüffung wusste sie bis jetzt nicht, was Pricken sind. Sie wusste schon, dass das dünne Baumstämmchen oder Stöcke sind, die im Meer rumstehen. Mehr aber nicht. Jetzt weiß sie, weshalb. Diese Erkenntnis hat sie gewonnen, als sie in einem kleinen Sachbuch über Ebbe und Flut herumgeschnüffelt hat. Hinten in dem Büchlein gab's Erklärungen. Da stand, dass Backbord die in Fahrtrichtung eines Schiffes gesehen linke Seite ist und Steuerbord die rechte. Und da stand, dass Fahrwassertonnen ihren Namen haben, weil die ersten ihrer Art leere Fässer waren.

Und dort erfuhr die Chefin auch, dass Tide der plattdeutsche Name für Gezeit ist.

Und was stand dort über die Pricken? Dass sie Fahrwassermarkierungen in flachen Bereichen sind, vor allem in den Teilen des Wattenmeeres, die bei Niedrigwasser trockenfallen. Sie sind im Meeresboden festgesteckte lange Stöcke oder junge Birkenstämme. Auf der linken Seite, von See kommend, ist die Pricke meist ein Birkenstamm, an dem der oberste Teil, also die Äste, noch dran sind oder zusammengebundene Zweige befestigt wurden. Die Stangen oder Stämmchen auf der rechten Seite von See kommend sehen oben wie ein umgekehrter Besen aus.

Gestern sind wir in Wittdün am Watt und am Fähranleger rumspaziert, bei Niedrigwasser. Meine Oberbefehlshaberin hat gecheckt, wie das mit den Pricken in der Realität aussieht. Ihrem zufriedenen Gesichtsausdruck nach haben die Pricken dort den Praxistest bestanden.

Auf Beobachtungsposten

Da guckt wieder ein Kopf aus dem hohen Gras. Ein zweiter Kopf mit Schnabel an einem Stiel schraubt sich in die Höhe. Elterngraugänse, die das Terrain sondieren, weil ihre Kinder irgendwo im Gras rumwuseln. Die Chefin findet die witzig. Sie können ihren langen Hals rauf- und runterfahren wie einen Fahrstuhl. Sie bewundert die Gänse außerdem dafür, dass sie den lieben langen Tag mit solchen Argusaugen auf ihre Kinder aufpassen.

Ich kann Gänse nicht ausstehen. Ich halte lieber einen großen Sicherheitsabstand. Gänse können äußerst unangenehm werden. Schon ihr lautes Zischen finde ich in hohem Maße besorgniserregend.

Aber auf Amrum sind die Graugänse im Frühjahr und Sommer überall. Sie treten in großen Massen auf. Sie sind Vegetarier und hier gibt es reichlich Futter für sie. Die wenigen Amrumer Landwirte finden die genauso wenig witzig wie ich. Sie kacken ihnen die

Wiesen voll, so dass das Vieh nicht mehr darauf grasen kann, und fressen alles weg.

Dabei sind Graugänse von den Menschen durch die Jagd fast ausgerottet worden. Dann haben sie sie in den siebziger Jahren wieder eingebürgert, auch auf Amrum. Seitdem haben sich die Graugänse rasant vermehrt. Inzwischen versuchen die Menschen ihre Zahl wieder einzudämmen. Sie nehmen einem Teil der Gänse die Eier weg. Zweimal nacheinander brüten Graugänse nämlich nicht.

Im Herbst ziehen die meisten Graugänse nach Süden. Vorher sammeln sie sich zu großen Schwärmen. Jetzt bleiben die Graugänse sogar häufiger in nördlicheren Gefilden, weil es da gut zu fressen gibt, und weil sie nicht mehr so gejagt werden wie früher. Wahrscheinlich spielt auch der Klimawandel eine Rolle. Das hat die Chefin alles gegoogelt und mir brühwarm erzählt, obwohl mich das nicht die Bohne interessiert.

Wenn die Graugänse da oben in Keilformation unterwegs sind, dann hört man ihr Geschnatter schon lange bevor man sie sieht. Von mir aus können sie gerne für immer da oben bleiben und rumschreien. Das sehen die Landwirte vermutlich ähnlich.

Sehnsucht

Das Meer und die Sehnsucht, das gehört zusammen. Für mich, weil ich da schwimmen, toben und buddeln kann. Für die Chefin, weil sie da sehnsüchtig in die Ferne gucken kann. Und wenn sie sehnsüchtig über das Meer glotzt, dann springt natürlich sofort ihre Denkmaschine an. Die Denkmaschine meiner Chefin läuft unentwegt. Zum Beispiel befasst sie sich jetzt gerade mit der Frage, ob alle Meere auf der Erde miteinander verbunden sind.

Die Nordsee, an der wir hier gerade rumhängen (genauer gesagt hängt die Chefin rum, sie sitzt auf einer Decke im Sand, ich buddele den Strand um), ist ja schon mal mit dem riesigen Atlantik verbunden. Sie ist ein Randmeer vom Atlantischen Ozean, wie ein Trichter an drei Seiten von Land umgeben. Ebbe und Flut des Atlantiks kommen mit Verspätung in der Nordsee an. Sogar die Ostsee ist über verwinkelte Ecken mit dem Atlantik verbunden. Die Ostsee ist von allen Seiten von Land umgeben. Sie ist ein Binnenmeer, das zweitgrößte Brackwassermeer der Erde. Hochwasser und Niedrigwasser sind viel weniger ausgeprägt, und das Wasser ist auch nicht so salzig.

Der riesige Atlantik ist mit dem Pazifischen Ozean, dem Indischen Ozean, dem Nordpolarmeer verbunden, und so weiter und so fort. Es sieht so aus, als würden die 30 Prozent Land auf der Erde in den 70 Prozent Meer herumdriften. Das sind Dimensionen, die meine Rudelführerin sich jetzt versucht vorzustellen, was natürlich nicht klappt. Das ist einfach eine Nummer zu groß für so ein kleines Chefin-Gehirn. Vielleicht sollte sie besser im Sand herumbuddeln wie ich, das entspannt ungemein.

Aber es sieht so aus, als hätte sie eine andere Lösung gefunden. Sie liegt auf ihrer Decke und guckt sich die Wolken an. Die sind in ständiger Bewegung, verwandeln sich von einer Form zur anderen. Die Chefin sieht jetzt vermutlich gerade Pferde, Karnickel und irgendwelche Monster am Himmel herumfliegen. Das wird zwangsläufig dazu führen, dass ihr die Augen zufallen.

Aber ich bin ja da. Ich passe auf. Ich habe trotz der Buddelei alles im Blick und vor allem in meiner Nase.

Seefahrten

Es gibt Dinge, die muss ich nicht wissen. Zum Beispiel muss ich nichts über Schiffsunfälle hören, wenn ich gerade auf einem Schiff unterwegs bin. Schon gar nicht, wenn genau dieses Schiff vor ein paar Jahren einen schweren Unfall hatte. Deshalb versuche ich gar nicht hinzuhören bei dieser haarsträubenden Geschichte, die Marianne der Chefin jetzt erzählt.

Wir pflügen mit der »Adler-Express« durchs Wattenmeer Richtung Hooge. »2014 ist dies Schiff mit 7 bis 8 Knoten ungebremst gegen den Schiffsanleger in Wittdün geknallt«, erzählt Marianne. »Ein Knoten ist eine Seemeile, 1,852 Kilometer. Das Schiff hatte also eine Geschwindigkeit von etwa 13 Stundenkilometern. Die Steuerung war ausgefallen, es gab jede Menge Verletzte. Die wurden zum Teil per Rettungshubschrauber in Krankenhäuser auf dem Festland gebracht. Das Schiff musste auf die Werft nach Husum. Aber da habe ich noch gar nicht auf der Insel gelebt.« »Ich hab das in den Fernsehnachrichten gesehen und konnte es kaum glauben«, sagt die Chefin. Eine Seefahrt ist auch nicht immer lustig, wie gut, dass wir nicht dabei waren.

Aber meine Rudelführerin kann auch noch eine Story beitragen. Die hat sie bei den »Amrum-News« im Internet gelesen. 2015 sei die »Adler-Express« vor Langeneß auf eine Sandbank aufgelaufen. »Das soll ein Navigationsfehler gewesen sein. Die ›Hauke Haien‹, ein Fahrgastschiff, wollte sie abschleppen, lief dabei aber auch auf Grund. Der Seenotrettungskreuzer ›Ernst Meier-Hedde‹ konnte wegen des niedrigen Wasserstands auch nichts mehr machen. Als die ›Adler-Express‹ gänzlich trockengefallen war, wurden die Passagiere mit Schlauchbooten, dem Ausflugschiff ›Rungholt‹ und dem Tochterboot ›Lotte‹ des Seenotrettungskreuzers von der Sandbank zum Fahrgastschiff ›Adler 4‹ gebracht. Für die Passagiere war das bestimmt spannend.« Es sei niemand ernsthaft verletzt worden, die »Adler-Express« sei aber zur Untersuchung des Rumpfs auf die Werft in Husum gebracht worden.

Der Chefin hätte der Aufenthalt auf einer Sandbank und das Abbergen mit Schlauchboot vermutlich großes Vergnügen bereitet, so begeistert wie sie gerade davon erzählt. Mir nicht. Ich wünsche nicht, von einem Schiff auf eine Sandbank und von dort in ein wackeliges Boot gehievt zu werden. Ich wünsche mir eine Fahrt über das Meer ruhig und beschaulich. Immerhin werde ich nicht seekrank, das ist ja schon mal was. Aber Seefahrten mit Abenteuereinlage können die beiden gerne alleine machen.

Halligstörche

An Austernfischern hat die Chefin einen Narren gefressen. Hier wimmelt es von den schwarzweißen Vögeln mit den roten Beinen, dem roten Schnabel und den roten Augen. Zuhause am Osterdeich an der Weser in der Mitte Bremens tauchen in jedem Frühjahr zwei Stück auf, wahrscheinlich ein Pärchen. Das versetzt die Chefin immer in große Verzückung.

Ihren Namen haben die Austernfischer aber ganz zu Unrecht. Sie fressen viel lieber andere Muscheln als Austern und auch gerne kleines Getier wie Schnecken und Insekten. In Schleswig-Holstein tragen sie den Spitznamen »Halligstorch«. Das passt, finde ich. In Steenodde am Watt hört man sie Tag und Nacht herumlärmen. Kli-ep und kibick-kibick sollen sie rufen. Also ich hab' das da noch nicht so richtig rausgehört. Ich frage mich nur, ob die eigentlich nie schlafen.

In der Balz legen sie noch eine Schippe drauf. Dann führen die Männchen einen eigenartigen Tanz auf, in Gruppen. Sie laufen mit heruntergebeugten Köpfen herum, veranstalten laute an- und abschwellende Konzerte mit langgezogenen Trillern und produzieren auch noch ein Geräusch wie ein Hämmern. »Das sieht aus wie ein Indianertanz«, findet die Chefin und bleibt jedes Mal stehen und guckt zu. Das nervt außerordentlich.

Die Austernfischerküken kann man zwischen Steinen und Sand kaum erkennen. Das erste in diesem Frühjahr hat die Chefin neulich entdeckt. Plötzlich hat sich ein kleiner Stein unten am Steenodder Kliff in Bewegung gesetzt. Das war das Austernfischerküken.

Austernfischer können ziemlich wild werden und ein Riesentheater veranstalten, wenn andere Tiere oder Menschen sich ihren Eiern oder ihren Küken nähern. Am Kniep ist mal ein erwachsener Austernfischer mit einem hängenden Flügel vor der Chefin hergelaufen und hat laut herumgezetert. Es sah aus, als sei sein Flügel gebrochen. Die Chefin ist vor Mitleid fast zerflossen und wollte den natürlich retten. Dann hat sie gecheckt, was los war. Seine Jungen liefen zwischen den Gräsern am Strand herum. Sie hat sich ganz schnell vom Acker gemacht. Und schon war Ruhe. Als sie sich umgedreht hat, war sein Flügel wieder heile.

Austernfischer füttern ihre Jungen mindestens fünf Wochen lang. Ganz schön anstrengend. Erstaunlich, dass sie bei ihrer 24-stündigen Rumkrakeelerei, wochenlangem Füttern und nervenaufreibenden Ablenkungsmanövern so alt werden können.

Die Menschen, die ja immer alles herausfinden wollen, haben Austernfischer beringt. Ein Ringfund am Bein eines lebenden Austernfischers war 44 Jahre alt.

Inselsound

»Amrum klingt toll.« Was meint meine Chefin damit? Etwa die unermüdlich herumschreienden Austernfischer? Oder die als krakeelende Blechdosen durch die Gegend hektisierenden Fasanen?

Nein, sie faselt irgendwas von einer »Gesamtkomposition«. »Schön, dieser Wechsel vom Meeresrauschen zur Stille in den Dünen, vom Singvogelgesang zum Möwengeschrei. Oder das Kling-Klang der Seile am Fahnenmast im Wind.«

Gott ja, irgendwie liegt mein Fokus immer anderswo als ihrer. Mich interessiert in erster Linie, in welcher Tonlage andere Hunde bellen. Ist ihre Stimme tief, dann sind sie groß, ist sie hell, dann sind sie klein. Davon kann unter Umständen mein Leben abhängen. Aus dem Bellen anderer Hunde kann ich viel herauslesen, aggressiv, ängstlich, freudig erregt. Wir bellen auch, wenn wir unsere Kollegen zum Spielen auffordern. Sozusagen als Einladung.

Also achte ich in erster Linie auf sowas. In zweiter Linie achte ich auf Knistern. In knisterndem Papier und Plastik sind sowohl mein Ball als auch meine Leckerlis versteckt. Die Chefin trägt beides in Tüten mit sich herum. Darauf liegt selbstverständlich auch meine Aufmerksamkeit. Zuhause achte ich vor allem auf Türenklappern und Haustürklingeln. Ich bin schließlich für die Bewachung unseres Heims zuständig. Und natürlich achte ich auf die Stimme der Chefin, wenn wir unterwegs sind, jedenfalls meistens.

Das Brausen des Windes lieben wir allerdings beide, weil wir gern im Wind spazieren gehen. Der Gesang der Singvögel ist mir herzlich egal. Ich bin schließlich keine Katze.

Aber in gewisser Weise, das muss ich bei dieser Gelegenheit doch mal zugeben, fahre ich auch auf den Amrumer Gesamtsound ab. Ganz einfach, weil wir hier immer so glücklich sind.

Sagenhaft

Ein Wechselbad. Die Chefin schmeißt den Ball mal in die großen Pfützen auf dem Strand, mal ins Meer. Das Meer ist kalt, und ich kann den Ball in der Brandung kaum erkennen, die Pfützen sind von der Sonne ganz warm. Meine Oberbefehlshaberin watet in beidem herum. »Das ist die reinste Kneipkur«, findet sie. »Warm und kalt, immer im Wechsel und zwischendurch über den Strand laufen.«

Hier am Hundestrand treiben sich noch andere Artgenossen von mir herum. Ein großer Mischling holt unentwegt seinen Ball aus dem Priel, der sich mit dem ablaufenden Wasser gebildet hat. Spritzend und sich wild schüttelnd läuft er auf seinen Sheriff zu und bringt ihm den Ball, damit der den wieder reinwirft. Aber dann dreht er sich plötzlich um, bellt und rennt durch den Priel zum Meer und schwimmt der Sheriff-Frau entgegen, die gerade aus dem Wasser steigt.

Die Sonne scheint, ein warmer Maitag. Ein dritter großer schwarzer Hund kommt angerannt, watet in den Priel und macht sich darin so flach wie es geht, bis ihm das Wasser über den Rücken strömt. Ein kleiner weißer Terrier wälzt sich wie besessen auf dem Rücken im Sand. Als wir näher kommen, sehen wir, dass er unter sich seinen Ball hin- und herschiebt. »Sowas hab' ich noch nie gesehen« sagt die Chefin zu der Frau, die zum Hund gehört. »Was macht der denn da? Druckpunktmassage?« »Nee«, antwortet die Frau, »der will mir damit zeigen, wie wohl er sich fühlt und wieviel Spaß er hier hat.« Naja, die Menschen vermuten immer, dass wir genauso ticken und denken wie sie.

Die Chefin kann jetzt auch nicht mehr an sich halten. Sie schmeißt ihren Rucksack auf den Strand, zieht sich aus und watet ins Meer. »Komm Carlo, baden!«, ruft sie. Aber ich habe Besseres zu tun. Die Terrierdame und ich haben fast die gleiche Größe und wir verstehen uns blendend. Wir rennen gemeinsam durch die Wattpfützen. Unsere Begeisterung kennt keine Grenzen. Die Chefin kommt ohnehin schnell wieder raus. Das Meer ist ziemlich kalt.

Schließlich setzen sich unsere beiden Rudelführerinnen zusammen in den Sand und gucken uns zu. Das ist schön, das ist sogar sehr schön. So haben die Terrierfrau und ich noch viel Zeit, uns besser kennenzulernen. Sie gefällt mir ausnehmend gut. Wir durchpflügen gemeinsam den Strand und buddeln tiefe Löcher. Wir grunzen dabei wie Wildschweine.

Es ist sowieso ein sagenhafter Tag heute, sagenhaft schönes sonniges Wetter und sagenhaft gut gelaunte Hunde und Menschen. Im Anschluss, im Hundeanhänger, zurück Richtung Steenodde, ist es sagenhaft gemütlich. Es ist so gemütlich, dass ich einschlafe und einen sagenhaften Traum träume, vom Meer, vom Sand und einer ganz bezaubernden Terrierdame.

Betrachtungen

Die Chefin ist in Gedanken versunken. Ausnahmsweise hält sie mal ihre Klappe. Das kommt nicht oft vor. Normalerweise lässt sie mich teilhaben an ihren Überlegungen. Genauer gesagt, lasse ich normalerweise ihr Geplapper an mir abperlen. Ich schnappe nur speziell selektierte Häppchen auf, wie Belobigungen, Regieanweisungen wichtiger Art und alles, von dem ich vermute, dass es Sie, liebe Leserinnen und Leser interessieren und erfreuen könnte. Der Rest kann weg.

Aber jetzt sagt meine Oberbefehlshaberin gar nichts. Wir sitzen an einer Düne auf dem Kniep, und sie guckt und schweigt. Wenn ich sie nicht so gut kennen würde, dann würde ich mir eventuell Sorgen machen. Aber dieser Zustand schwindender Beredsamkeit ist ein Zeichen dafür, dass sie schon sehr weit runtergekommen ist. In ihrem Kopf wabert jetzt das große Ganze hin und her.

Nichts Geringeres als die Welt an sich, die Menschheit, die Tierheit und ihr eigenes Leben, das ja auch schon eine geraume Zeit vor sich hin trudelt. Irgendwann wird sie wieder aufstehen, sich den Sand von den Klamotten klopfen und einen Satz größerer Tragweite von sich geben.

Und da passiert es auch schon. Sie steht auf, klopft sich den Sand von der Hose und fragt mich, beziehungsweise sich selbst: »Sag mal, warum denken die Menschen eigentlich, sie seien wichtiger als alles andere auf der Welt?«

Diese Frage kann ich ihr natürlich nicht beantworten. Hunde und Menschen sprechen bekanntlich unterschiedliche Sprachen. Aber ich pflichte ihr innerlich bei, dass mir das auch äußerst merkwürdig vorkommt.

Dann sende ich meinen Blick hypnotisch zwischen ihren Augen und ihrem Rucksack hin und her. Sie tätschelt mir über den Kopf und murmelt: »Geht sofort los, Carlo«, wurschtelt umständlich den Ball aus dem Rucksack und schleudert ihn raumgreifend Richtung Meer. Besonders viel Raum greift der Ball nicht. Aber Spaß macht es trotzdem, hinter meiner heißgeliebten Kugel herzurennen und sie zu ihr zurückzudribbeln, damit das Spiel von vorne beginnen kann.

Am Ende dieses in jeder Beziehung überaus bewegenden Nachmittages ziehen wir beide einträchtig schweigend nach Hause.

Der längste Tag

Sechs Uhr, die Gräser sind noch feucht von der Nacht. Kein Mensch und kein Hund weit und breit. Im schon warmen hellen Sonnenschein marschieren wir Richtung Nebel. Die Chefin guckt und konserviert. Sie konserviert Bilder, Geräusche und Gerüche. Sie saugt das Bild vom Feld- und Schotterweg Richtung Nebel in sich auf, den Anblick des Watts mit seinen Braun-Grau- und Grüntönen und den glitzernden Pfützen, in denen sich das Hellblau des Himmels spiegelt. Darin Tausende Vögel, die sich die Wampe vollschlagen, den Lärm, den sie veranstalten. Sie prägt sich den Anblick der hügeligen Wiesen, der grasenden Ponys und Rinder ein, die Kornfelder mit den Mohnblumen und Margeriten, die Konturen des Kirchturms im Nebel. Sie saugt den Geruch in sich auf, von Schlick und trocknender Erde und Gräsern, Feldblumen, Korn und Kartoffelrosen. Auch ich sauge Gerüche auf, von den vielen anderen Hunden und von Karnickeln und Mäusen und von tausenden Aromen, die die Chefin alle gar nicht mitkriegt …

Im weiten Bogen nach links wandern wir bis zum Ausgang des Steenodder Waldes und sind fast schon in Wittdün. Wir durchqueren den Wald der Länge nach. Die Sonne fällt durch die frischen jungen Laubbäume. Der Wind raschelt durch die Blätter und vermischt die Gerüche des Waldes mit der Seeluft.

Nach dem Frühstück geht's im Hundefahrradanhänger Richtung Süddorf und dort riechen wir dann die vielen Nadelbäume, auf dem Weg durch den Wald Richtung Süddorfer Strand.

Am Hundestrand Licht, Licht, Licht und Wind und Weite. Das Meer ist ganz nah, kurz vor Hochwasser. Es glitzert, lockt, bis die Chefin sich ihrer Klamotten entledigt und reinrennt. Noch einmal im Meer baden, noch einmal weit den Strand entlang laufen. Noch einmal im feinen weißen Sand liegen. Stundenlang bleiben wir am Kniep, bevor wir zurückfahren. Nachts dann ein letzter langer Gang über den Deich Richtung Seezeichenhafen und Wittdün. Es ist immer noch hell.

Unser längster Tag, der letzte Urlaubstag. Aber wir kommen ja wieder.

Sommer

Hochsommer

»Das ist ja fast wie auf Kreta!«, Harald wischt sich mit einem Taschentuch den Schweiß von der Stirn. Beim Aussteigen aus dem Zug in Dagebüll ist es unerwartet heiß und windstill. »Na, dann vermisst du ja nichts«, freut sich die Chefin. Harald ist ein großer Kreta-Fan und dieses Mal mit uns nach Amrum unterwegs.

Aber die Affenhitze (schon wieder so ein eigenartiger Ausdruck aus dem Tierreich) hat auch was Gutes. In unserem Quartier in Steenodde angekommen, hält sich die Chefin nicht lange mit Auspacken auf. Sie schlüpft in ihren Badeanzug, wickelt sich in ein Handtuch und ab geht's zum kleinen Strand bei der Mole. Es ist Flut, kurz vor Hochwasser. Sie schmeißt den Ball ins Meer und stapft gleich hinterher, ich auch. Das Nordseewasser ist herrlich kühl, eine richtige Erfrischung. Das ist ja mal ein genialer Urlaubsanfang.

Später klettere ich in den Fahrrad-Anhänger. Am Watt entlang fahren wir nach Wittdün und nach einem schnellen Einkauf durch den Ort zurück. Hinter der »Blauen Maus« biegen wir in den Feldweg zum schattigen Steenodder Wald. Dort spazieren wir zu Fuß weiter zurück zu unserem Quartier.

Am Abend endet dieser erste Urlaubstag mit einem ausgedehnten Gang am Watt. Es ist noch immer hell. Meine Leinenhalter genießen die Inselgeräusche und -gerüche, die lauten Rufe der Austernfischer, das Schreien der Möwen, die salzige Seeluft, den Duft von Pferdemist und Gräsern. Ich erledige einen Haufen Post in Form von Pi-Mails von Hunden aus der ganzen Bundesrepublik. Sogar aus der Schweiz und Österreich sind welche dabei.

Ganz früh am nächsten Morgen sind die Chefin und ich wieder am Watt unterwegs. Das Wasser ist schon lange wieder im Abmarsch, das zweite Mal seit unserem erfrischenden Bad im Meer.

Wir sind wieder auf Amrum! Juchu!

Rot-weißer Spargel

Die Chefin liebt ihn, diesen rot-weißen Spargel, der von Großdün in den Himmel ragt. Die meisten Menschen lieben diese Spargel. Sie nennen die Spargel-Leuchttürme. Für die Menschen sind sie ein Symbol für die Seefahrt und Schutz und Hoffnung. In erster Linie sind sie aber ein wichtige Seefahrtszeichen. Ich kann mit Leuchtspargeln nichts anfangen.

Der rot-weiße Amrumer Hauptleuchtspargel ist der älteste Leuchtspargel Deutschlands. Am 1. Januar 1875 hat er zum ersten Mal seine Strahlen in die Nacht gesendet. Der Amrumer Leuchtspargel war mal einfarbig rotbraun. Seit 1952 ist er rot-weiß. Nicht weil die Touristen das schöner finden, sondern weil die Streifen rot, weiß, rot, weiß, rot die Tagkennung des Amrumer Leuchtturms ergeben.

Woher ich das alles weiß? Das hat meine Rudelführerin sich aus dem »Kleinen Amrumer« angelesen und es brühwarm Harald erzählt, nicht nur Harald, sondern allen, mit denen wir zusammen jemals am großen Leuchtspargel vorbeigelaufen sind.

Infolgedessen kann ich das auswendig, obwohl mir persönlich der Amrumer Hauptleuchtspargel herzlich egal ist. Was schert mich das, ob nachts seine hellen Leuchtarme über den Himmel kreisen oder seine Farbe rot-weiß ist.

Mich interessiert ausschließlich, ob jemand aus meinem Begleitpersonalpool das Gassigehen (ja, ja, auch ich verwende inzwischen diesen absurden Ausdruck) übernimmt, wenn meine Oberbefehlshaberin sich anschickt, auf den Riesenspargel raufzusteigen. Das war heute der Fall, nachdem sie mindestens zehn Jahre lang nicht mehr da oben gewesen ist. Das mit dem Gassigehen hat anstandslos geklappt. Harald hat übernommen. Er hat Höhenangst und guckt sich den Spargel lieber von unten an.

Natürlich war die Chefin schwer beeindruckt, als sie wieder runterkam. Sie hatte klare Sicht, ein weiter Rundumblick über die ganze Insel und über das Meer, Föhr und die Halligen.

Das Einzige, was mich beeindruckt, ist die Tatsache, dass die Dachrinne ganz oben an der Kuppe des rot-weißen Großspargels alle fünf Jahre voller Sand ist. Der Wind schafft es, den feinen Amrumer Sand auf 65,40 Meter über dem Meeresspiegel hochzupusten. Das muss man ihm erst mal nachmachen. Meine Hochachtung.

Das Meer nippt und springt

Die Chefin sitzt auf unserer Terrasse und studiert ein Bilderbuch. Was ist los mit ihr? Ist sie schon so weit runtergekommen, dass sie zum Lesen von Erwachsenen-Literatur nicht mehr imstande ist?

Nein. Nach unserem Einkauf mit Harald in Wittdün sind wir gestern, wie fast immer, im Buchladen Quedens gelandet. Und da hat die Chefin sich dieses Kinderbuch gekauft, in dem sie schon mal rumgeschnüffelt hat, um das Gezeitending endlich zu raffen. In dem Buch erklärt eine naseweise Strandkrabbe einem Frosch auf Urlaub wie das läuft mit Ebbe und Flut. »Das nehme ich mit«, hat sie verkündet. »Wenn ich es nicht mehr brauche, schenke ich es den Enkelkindern.«

Den ersten Gang heute Morgen am Watt entlang und an der Mole haben wir schon hinter uns. Ich liege entspannt und zufrieden auf dem von der Sonne aufgewärmten Steinboden und beobachte die Chefin aus den Augenwinkeln.

Mal sehen, ob ihr mit Hilfe des Bilderbuchs ein Licht aufgeht bezüglich der Gezeitenthematik. Auf jeden Fall scheint sie schon mal was dazugelernt zu haben. Als Harald kommt, fragt sie ihn: »Wusstest du, dass zweimal pro Monat Nipptide ist und auch zweimal pro Monat Springtide? Bei Vollmond und Neumond ist Springtide, bei Halbmond Nipptide.«

Nee, das wusste der nicht. »Komisch, wir sind beide in Bremen geboren und leben nah an der Weser, haben schon x mal Ebbe und Flut erlebt und haben davon keine Ahnung«, wundert er sich.

Also, ich wusste das auch nicht, und das stört mich überhaupt nicht. Wahrscheinlich wüsste ich das instinktiv, wenn ich Meeresbewohner wäre und wild leben würde, nicht so zivilisiert mit einem menschlichen Rudel. Ich vermute, Seevögel, Fische, und Robben, die kennen sich aus mit den Gezeiten, ohne das irgendwo gelesen zu haben.

Aber das ist jetzt egal. Meine beiden Rudelführer sind fertig mit dem Frühstück. Ab geht's zum Kniep, unserem heißgeliebten Gigantenstrand. Da spielen Ebbe und Flut, Springflut und Nippflut keine große Rolle. Bei Ebbe müssen wir nur weiter rauslaufen zum Baden und aufpassen, dass uns der Ebbstrom nicht rausträgt.

Wattvögel und tote Ponys

Unten auf der Wiese liegen zwei tote Ponys rum. Das kratzt uns aber nicht, sowas sieht man hier öfter. Wir sind schon wieder auf dem Deich unterwegs, Richtung Wittdün. Die Chefin radelt, ich laufe nebenher.

Das Meer ist weg, und im Watt wimmelt es von Vögeln, die darauf herumspazieren, als wäre es ihr gedeckter Tisch.

Messer und Gabel brauchen die nicht. Schließlich haben sie ihre Schnäbel, jede Vogelart einen anderen, je nachdem, wie tief die Leckerei verborgen ist, die sie bevorzugen. Der spitze Schnabel des Rotschenkels zum Beispiel ist drei bis vier Zentimeter lang. Ein wunderbares Gerät, um nach Würmern und Bodentieren zu graben. Der Schnabel des Austernfischers ist sogar bis zu sechs Zentimetern lang. Der Große Brachvogel bricht mit seinem bis zu 17 Zentimeter langen Schnabel alle Rekorde. Der Schnabel des Säbelschnäblers ist etwas nach oben gebogen. Er durchseiht damit das flache Wasser auf der Suche nach Kleinstlebewesen. Die Enten dagegen durchwühlen mit ihren Schnäbeln wie ein Bagger den Untergrund. Die Natur hat alles ganz wunderbar eingerichtet.

Ich selbst bin, wenn man's genau nimmt, kein reines Naturprodukt. Mit meinem Urahn, dem Wolf, habe ich nicht mehr viel gemein. Der hatte auf jeden Fall keine Hängeohren und schon gar keine

Locken. Aber ich hab' schon wieder völlig den Faden verloren. Wie komme ich von Vogelschnäbeln auf meine Locken? Ah ja, ich hab's. Ich bin zwar ein Ergebnis menschlicher Zucht, aber immerhin sehe ich aus wie ein Hund. Meine Scheriffs lassen mir keine affigen Pudelfrisuren verpassen. Da bin ich sehr froh drüber. Zum Hundefriseur muss ich aber trotzdem, auch wenn ich da keinen Bock drauf habe. Angeblich verfilzt mein Fell, wenn es zu lang wird. Mal ist mein Fell kürzer, mal länger. Im Winter auf jeden Fall immer lang genug, so dass ich nicht friere, im Sommer schön luftig. Wenn ich nass gewesen bin, sehe ich aus wie Rudi Völler, behaupten jedenfalls meine Rudelführer. Lauter kleine Löckchen. Das ehrt mich, Rudi Völler war ein großartiger Fußballer und sogar Nationaltrainer. Außerdem hat er in meiner Heimatstadt Bremen bei Werder gespielt.

Aber ich gleite ab. Wir sind schon wieder auf dem Rückweg. Das Wasser im Watt ist etwas mehr geworden, also haben wir Flut. Die Vögel im Watt sind weniger geworden, wahrscheinlich sind sie satt. Die beiden Ponys sind von den Toten wieder auferstanden und grasen auf der Wiese. Und wir bringen unseren Einkauf nach Hause, und zockeln dann mit Harald weiter zum Kniepsand, dieses Mal mit Hundeanhänger am Fahrrad.

Flaute

Heute war's mal andersrum. Heute hab' ich der Chefin und Harald zu neuen Erkenntnissen verholfen. Wie das? Weil es so schweineheiß war, um es mit ihren Worten auszudrücken. Was Schweine mit Hitze zu tun haben, sollten sie bei Gelegenheit mal erklären. Ich sehe da keinerlei Zusammenhang.

Im Verhältnis zu Köln beispielweise war es gar nicht so heiß. Auf Amrum hatten wir 34 Grad, die Kölner hatten fast 40 Grad.

Trotzdem lechzten auch hier alle nach Schatten. Der Wind fehlte. Der Wind, der normalerweise die Leute in windgeschützte Ecken und Strandkörbe treibt. Er war vom Wettergott komplett eingestellt worden. Bei den im Schatten aufgestellten Liegestühlen beim Haus des Gastes in Nebel herrschte Hochbetrieb. Die Chefin und Harald hätten sich da auch gerne breit gemacht.

Aber ein vorwurfsvoller Blick meinerseits genügte. Ich will mich bewegen. Rumhängen kann ich danach. Also haben die beiden mich wieder in den Fahrradanhänger geschoben, und wir sind Richtung Wald gegeigt. Dort haben wir uns auf den schattigsten Wegen rumgetrieben. Und siehe da, mindestens ein Viertel von denen hatten die beiden noch nie betreten. Auch nicht die Chefin, die von sich immer behauptet, dass sie auf Amrum jeden Strauch kennt.

Stück für Stück haben wir uns an die Vogelkoje rangepirscht. Dort lungerten wieder meine ganz speziellen Freunde herum, in Erwartung fütterwütiger Touristen. Dieses Federvieh bringt mich schon lange nicht mehr aus der Fassung. Und zum Rumscheuchen dieser Viecher war es sowieso viel zu heiß. Erfreulicherweise gab es bei der Vogelkoje aber Wasser für mich und Kaffee und Kuchen für Harald und die Chefin. Und wir wissen jetzt, dass die Vogelkoje die Keimzelle des großen Amrumer Waldes war. Das stand dort auf einem Schild. Genau gesagt waren es die Bäume, die 1866 als Sicht- und Windschutz um die Vogelkoje gepflanzt wurden. Ein höchst erkenntnisreicher Waldspaziergang also.

Abhängen

Hauptsache da oben ist jetzt mal Ruhe. Eine Oase der Ruhe, so hatten wir uns das Rumhängen im kleinen Park beim Haus des Gastes in Nebel vorgestellt. Nach dem Hin- und Her-Gerenne im Amrumer Wald redlich verdient. Sogar zwei freie Liegen haben meine Rudelführer ergattert. Jetzt krakeelen aber über uns die Vögel rum, Singvögel, Krähen, Möwen, ein Riesengezeter.

Was liegt denn an, gibt's irgendwelchen Ärger? Oder sind die so schlecht drauf, weil es heute zu heiß ist. Egal, ich mache jetzt ein schönes nachmittägliches Nickerchen.

Die Chefin ist auch schon fast eingeschlafen, völlig fertig vom Rumlaufen im Wald. Hauptsache, sie muss gleich nicht schon wieder pinkeln gehen, weil das Brunnenwasser plätschert. Menschliche Weibchen müssen ja ständig, das ist zumindest mein persönlicher Eindruck. Wenn die Chefin mitkriegen würde, was ich gerade denke, dann würde sie mir natürlich widersprechen: »Das musst du gerade sagen, du pinkelst doch alle paar Minuten.« Sie hätte sogar Recht, aber bei mir ist das was ganz anderes. Ich verteile Botschaften, ich schreibe Pi-Mails an meine Kollegen. Wenn ich's recht bedenke, weiß ich allerdings gar nicht, ob Menschen nicht auch solche Botschaften hinterlassen. Vielleicht machen die das genauso wie wir, spülen sie aber in ihrem Reinigungswahn gleich wieder weg und wundern sich, dass sie nie eine Antwort kriegen. Aber ich schweife schon wieder ab.

Das Glockengeläut von der Nebeler Kirche kommt jetzt leider unverhofft. Eine kleine Verzögerung, bevor auch ich wegdöse.

In Deckung

Es herrscht Stille in der vorgelagerten Düne auf dem Kniep. Meine beiden Vorgesetzten lungern auf einer Decke herum, ich liege im warmen Sand. Weit entfernt leises Meeresrauschen. Das Dünengras bewegt sich ein wenig im Wind. Der richtige Moment, um eine Runde zu schlafen.

Aber nein, die Chefin holt knisternd Butterbrote aus der Butterbrotpapiertüte. Sie ist ein großer Fan von Butterbrotpapiertüten. Prompt erscheint eine ausgewachsene Silbermöwe auf der Bildfläche. Das haben wir jetzt davon, diese gierigen Biester. Silbermöwen passen überhaupt nicht in mein Beuteschema, im Gegenteil. Ich finde sie mit ihrem langen gelben Schnabel und dem roten Punkt dran sehr furchteinflößend.

Vorsichtshalber rücke ich ein Stück näher ran an die Chefin. Aber diese Möwe ist nicht sonderlich aufdringlich. Sie steht einfach nah bei uns rum und wartet darauf, dass Brotbrocken für sie abfallen. Harald holt ganz langsam und vorsichtig sein Smartphone aus der Tasche. Die Chefin unterhält sich mit der Möwe. »Na, du bist aber ein schöner Vogel«, sagt sie zu ihr. Das finde ich überhaupt nicht. Außerdem hat die Chefin mit anderen Tieren nicht herumzusabbeln.

Ich schätze mal, dass die Möwe das ganze Geschwafel ohnehin nicht die Spur interessiert. Die will einfach nur was abhaben. Mich wundert, dass die das Brot der Chefin noch nicht aus der Hand geklaut hat. Das machen die doch sonst so gerne. Aber vielleicht denkt sie: »Wenn die komische Tante so scheißfreundlich ist, dann gibt sie mir bestimmt gleich was ab.« Jetzt fallen Brotkrumen ganz nah bei uns in den Sand. Die Möwe kommt näher. Ich rücke noch enger an die Chefin und verstecke mich halb hinter ihrem Rücken. Harald fotografiert. Die Chefin schüttelt vorsichtig die letzten Krümel aus der Tüte und sagt: »So, das war's, Möwe, mehr hab' ich nicht.« Tatsächlich fliegt die Möwe davon, nachdem sie die Krümel aufgepickt hat. Versteht die etwa auch alles, was die Menschen sagen, so wie ich? Jedenfalls kann ich jetzt endlich wieder durchatmen. Die Gefahr ist vorüber.

Als wir zum Meer zurückwandern, hat die Ebbe schon wieder große Flächen vom Wasser befreit. Die Sandbänke sind bis zur nächsten Flut wieder zu Strand geworden, auf dem ich ausgelassen meinem Ball hinterherjage und ihn aus der Luft schnappe. Was für ein herrlicher Tag.

Blaue Maus

Blaue Maus, ein Sehnsuchtsort. Nicht für mich, aber für meine Rudelführer. Für mich bedeutet ein »Mausabend«, wie sie das nennen, Fremdbetreuung. Sie nehmen mich da nicht mit hin, weil sie finden, dass ich in dieser Kneipe nichts zu suchen habe.

Fremdbetreuung auf Amrum ist im ersten Moment für mich immer etwas verstörend. Sie besteht aus Personen, die ich lange nicht so gut kenne wie meine Chefin. Allerdings entpuppt sie sich immer als überaus großartig.

Heute Abend steht so ein »Mausabend« an. Erfreulicherweise übernimmt Trude aus Süddorf die Fremdbetreuung. Das ist sehr gut. Sie mag Hunde, hatte früher selbst einen. Und mich mag sie auch, sehr sogar. Deswegen, und weil sie sich immer erst mal auf einen langen Gang mit mir begibt, finde ich sie auch toll.

Später am Abend werden die Chefin und Harald sich satt gesehen haben an all den gesammelten Souvenirs, die in der Blauen Maus Decke und Wände und Anrichten und Fensterbänke und auch draußen den Außenbereich zieren. Nicht nur Souvenirs, auch eine ausgemusterte Kaffeemaschine hängt unter der Decke. Sie werden auch lange genug in nostalgischen Erinnerungen an Mausabende vergangener Zeiten geschwelgt haben. Die Chefin ein bisschen länger als Harald. Die war ja schon in den siebziger Jahren hier auf dem Campingplatz und hat abends in der Maus getanzt. Auf die Weise wurde sie damals wieder warm und trocken und war auch ein bisschen gaga, wenn sie sehr spät in nicht mehr ganz nüchternem Zustand zurücktorkelte in ihr Zelt. So jedenfalls erzählt sie es immer.

Die beiden werden mit ziemlicher Sicherheit auch mit irgendwelchen Leuten ins Gespräch gekommen sein, die sie gar nicht kennen. Das ergibt sich in der Maus ganz von allein.

Das Wichtigste aber kommt zum Schluss: Sie werden mit mir hinterher einen schönen langen Spaziergang von Süddorf nach Steenodde machen. Dabei werden sie komplett ausflippen, falls der Himmel voller Sterne ist. Aber wenn nicht, reichen ihnen auch schon die Lichtarme des Leuchtturms, die durch die dunkle Nacht kreisen. Ich werde sowieso komplett ausflippen, weil alles so intensiv riecht nachts, nach Meer und Wattpampe und Erde und Kaninchen und Hasen und vor allem nach anderen Hunden.

Das sind also sehr gute Aussichten für den heutigen Abend.

Blaue Stunde

»Los Carlo, auf geht's!« Meine Rudelführer ziehen Jacke und Sandalen an. Ein Abendausflug, super. »Sonnenuntergang und blaue Stunde, ab an den Strand.« Strand klingt sehr gut. Sonnenuntergang ist auch klar, passiert jeden Abend. Mal sieht man ihn, mal nicht, kommt auf das Wetter an. Was die blaue Stunde ist, weiß ich nicht, ist mir aber auch egal, Hauptsache raus. Vielleicht treffen sich Insulaner und Touristen heute zum großen Saufgelage am Kniep, und wenn sie damit durch sind, dann beginnt die blaue Stunde, weil sie alle voll sind wie die Haubitzen.

Das werden wir gleich sehen, denn wir sind schon unterwegs mit Rad und Hundeanhänger Richtung Süddorfer Strand. Da ist aber gar nichts los. Nur ein paar Touristen wandern am Meeresufer entlang. Ein Vater nimmt ein abendliches Bad mit seinen beiden Kindern. Das Meer ist glatt wie ein stiller See. Die Priele entleeren sich. Es weht fast kein Wind, und es ist ganz leise. Ich wühle mich durch den weißen, weichen Sand des Knieps, laufe mit meinen Rudelführern bis vorne ans Wasser, trabe durch die von der Flut gebildeten warmen großen Pfützen. Die Chefin hält ausnahmsweise mal die Klappe. Sie guckt ganz andächtig. Die Sonne sinkt allmählich immer weiter Richtung Meer, dann lugt nur noch eine Hälfte aus dem Wasser, dann nur noch ein ganz kleines bisschen. »Jetzt ist sie dunkelrot«, konstatiert eine andere Frau, die auch hier rumsteht. Ich gucke da gar nicht hin, und wenn ich das tun würde, dann würde ich die Farben sowieso anders sehen als die Menschen. Ich habe hier unten am Boden vollauf damit zu tun, all die verschiedenen Gerüche aufzunehmen, von barfuß herumgelaufenen Menschen und vielen anderen Hunden, die hier unterwegs waren. Dazu noch die Gerüche der vielen Küstenvögel, die hier alltäglich herumspazieren, und der Duft des Meeres und des Sands. Geradezu überwältigend.

Aber als die Sonne es dann endlich geschafft hat, gänzlich im Meer zu verschwinden, und auch die Röte am Himmel sich davongemacht hat, wird es gar nicht dunkel. Der Himmel wird blau. Das behaupten zumindest Harald und die Chefin. Ich registriere immerhin, dass alles einen gleichfarbigen Schimmer annimmt. Das ist dann wohl das Blau, in dem der Himmel über der Erde leuchtet, die blaue Stunde. Die beiden scheinen ganz hingerissen zu sein. Und wenn sie hingerissen sind und selbstvergessen in die Landschaft starren, dann geht es mir irgendwie auch gut, weil sich das so friedlich anfühlt.

Nach einer Weile verschwindet das Blau so langsam wie vorher die Sonne. Still und ergriffen fahren wir nach Hause.

Vielfalt

Die Chefin steht plötzlich still. Das scheint sie in den Augen der Fasanendame vor uns auf dem Weg erst recht verdächtig zu machen. Oder hat die Fasanin etwa Angst vor mir? Völlig unnötig. Mich interessieren diese Vögel nur noch am Rande. Die staksen hier schließlich überall rum. Die Fasanenfrau scheucht ihre drei graubraunen Kinder unter eine Hecke. Die Küken hatten wir bis dahin noch gar nicht wahrgenommen. Die Flaumbälle kommen an verschiedenen Ecken wieder unter der Hecke hervorgekrabbelt. Wir bewegen uns beide nicht, aber die Fasanenmama wirkt hochgradig nervös. »Komm, wir gehen, dann beruhigt die sich wieder«, sagt die Chefin. Nichts lieber als das, Fasanen anglotzen finde ich in hohem Maße langweilig.

Neben dem Steenodder Deich tauchen rechts unsere alten Bekannten auf, das dunkelbraune Pony mit der schwarzen Mähne und dem schwarzen Schweif und das beige Fjordpferd. Dieses Mal liegen sie nicht tot auf der Wiese. Sie grasen. Mit ihnen zusammen grasen Hunderte von Graugänsen und ihr Nachwuchs. Elegant zwängt sich ein Gänseelternpaar mit seinen sieben Kindern durch einen großmaschigen Zaun auf die nächste Wiese. Das Watt auf der anderen Seite ist voller Wasser. Hinter uns, bei der Steenodder Mole, ziehen zwei Kitesurfer ihre Bahnen.

Zu meiner Überraschung schlagen wir auf dem Weg Richtung Amrum Badeland einen Haken nach rechts zum Steenodder Wald. Hier sind wir noch nie langspaziert. Es riecht sehr angenehm nach Kloake. Aber meine Oberbefehlshaberin rümpft die Nase. Die Gerüche von Kläranlagen mag sie unverständlicherweise nicht. Fünfzig Meter weiter verharrt sie schon wieder. Auf der Wiese hat sie einen Säbelschnäbler entdeckt. Mit seinem langen Schnabel säbelt er aber gar nicht, sondern stochert im Boden rum. Jetzt riecht es würzig nach Gras und auch nach vielen anderen Hunden. Scheint ein beliebter Ort hier für einen Gassigang zu sein. Gassigang, so nennen die Menschen das ja, albernerweise. Furchtbar, dass sich das auch in meinem Gehirn dermaßen etabliert hat. Im kleinen Birkenhain am Rand des Steenodder Waldes schnuppere ich moorigen Boden. Auf dem feuchten Weg läuft die Chefin zickzack, damit sie sich ihre schicken neuen Sandalen nicht einsaut. In der Ferne guckt der große Amrumer Leuchtspargel aus dem großen Amrumer Wald. Wir schlendern über einen Grasweg durch ein frisch angelegtes Stück Laubwald. Wir schlendern, weil die Chefin unentwegt stehenbleibt und guckt. Auf den Wiesen ringsum haben sich bunte Blumen und Gräser breitgemacht. Ein Kornfeld wogt im Wind. Am Wegesrand verströmen Heckenrosen ihren intensiven Geruch, der Nordseeinselgeruch schlechthin.

Bei den Hügelgräbern begrüßen uns schon wieder das Meer, blau schimmernd mit weißen Schaumkronen, und die Kitesurfer mit ihren bunten Segeln. Ein spätnachmittäglicher Sommerspaziergang auf Amrum, herrlich!

Abgelenkt

Mal ist das Hochwasser hoch, mal niedrig. Das ist so, interessiert mich aber eigentlich nicht, es sei denn, wir haben eine Sturmflut. Ich interessiere mich für wichtigere Dinge. Zum Beispiel checke ich, ob irgendwo ein toter Fisch rumliegt, in dem ich mich wälzen könnte. Hunde tun sowas, Menschen nicht. Hunde überdecken damit ihren Eigengeruch, Menschen benutzen für sowas Parfum. Die Chefin kriegt eine mittelschwere Krise, wenn ich auch nur den

Versuch mache, mich in etwas schön Stinkiges wie tote Tiere oder Reste davon reinzulegen. Folgerichtig liegt mein Fokus parallel zum Aufstöbern derartiger Leckereien am Boden immer oben bei ihren Augen. Guckt sie weg oder guckt sie zu mir?.

Wenn sie bei niedrigem Hochwasser an der Steenodder Bucht herumsteht, versonnen aus der Wäsche guckt und sich fragt, warum das Hochwasser so niedrig ist, dann ist das prima für mich. Sie ist abgelenkt. Das eröffnet mir die Möglichkeit, etwas herrlich Stinkendes zu entdecken und mich blitzschnell darin zu wälzen. Das ist doch großartig. Selten stehen die Chancen so gut.

Dabei ist die Erklärung für das niedrige Hochwasser geradezu grandios einfach. Das ist die Nipptide. Bei Nippflut, so wird das auch genannt, stehen Sonne und Mond, von der Erde aus gesehen, im rechten Winkel zueinander. Das bewirkt, dass ihre Anziehungskräfte genau entgegengesetzt wirken. Das passiert bei Halbmond, alle 14 Tage. Dann läuft das Hochwasser weniger hoch auf. Das Niedrigwasser läuft auch nicht so niedrig ab. Woher ich das weiß? Das hat neulich am Kniep mal eine Mutter ihrem Kind erklärt. Die Chefin hat das nicht mitgekriegt, die standen ziemlich weit entfernt von uns. Ich schon. Ich habe viel bessere Ohren als sie.

Aber die Chefin kann an der Lösung dieser Frage gern noch ein bisschen herumknabbern und verdutzt das Meer betrachten. Vom Molenfuß unten am kleinen Steenodder Strand dringt gerade der intensive Geruch einer toten Möwe zu mir herauf. Mal sehen, wer schneller ist, die Chefin oder ich.

Verliebt

»Sowas wäre heute gar nicht mehr zugelassen«, behauptet die Chefin gerade kühn. Was denn, wovon redet sie? »Ich glaube auch, dass einen Campingplatz mitten in den Dünen heute wegen des Naturschutzes keiner mehr einrichten dürfte«, pflichtet Harald ihr bei. Aha, darum geht's. Die beiden Campingplätze mitten in den Dünen. Am Ende von dem einen stehen wir gerade rum. Meine Oberbefehlshaberin blickt gedankenvoll auf ihn runter. Sie hat viele Sommerferien auf diesem Campingplatz verbracht. Also brechen hier auf dem Dünenbohlenweg oberhalb des Platzes immer nostalgische Gefühle bei ihr aus. Zum Wahnsinnigwerden ist das. Harald lässt ihre Gefühlswallungen und die damit verbundenen Erzählungen, die er alle schon kennt, stoisch über sich ergehen.

»Das Tolle ist, dass das Nebeneinander von Campern und Dünenvögeln funktioniert«, die Chefin zeigt auf eine Fasanenmutter, die mit ihren Jungen über den Platz spaziert. »Die Camper lassen die Vögel in Ruhe. Infolgedessen haben die Vögel nicht besonders viel Angst vor den Campern. Im Gegenteil, Möwen bedienen sich sehr gern an den Abfallsäcken vor den Zelten, wenn die Leute vergessen sie wegzuräumen.«.

Die Chefin verlebte ihren allerersten Amrum-Urlaub auf diesem Campingplatz, mit einer Freundin und einem noch nicht ausgewachsenen Hund, im Zelt. »Der Hund war ein junger Boxer namens Dingo, der unentwegt spielen wollte. Vor Übermut warf er dabei kleine Kinder um. Die einen fanden das toll und lachten sich kaputt darüber, die anderen fingen an zu schreien. Es war ziemlich anstrengend, Dingo im Zaum zu halten.«

Das war Anfang der siebziger Jahre. Anreise per Zug. Das Zelt holten die beiden von der Bahnstation in Wittdün ab. »Die muss es damals wohl gegeben haben. Ich weiß gar nicht mehr, wie wir das alles gemacht haben, Hund, Zelt, Gepäck. Der Schiffsanleger war aus Holz, das weiß ich noch, und die Architektur in Wittdün sah noch anders aus, mehr alte Bäderarchitektur.«

Das Entscheidende ist aber, dass sich die Chefin damals in die Insel verliebt hat. Und das, obwohl das Wetter unter aller Kanone war. »Es regnete und regnete. Auf dem Kniep hatten sich überall regelrechte Seen gebildet, so groß wurden die Pfützen.«

Aber sie hat sich trotzdem verliebt, und das ist doch schön. Sonst wären wir ja gar nicht hier.

Zeltaufbau

»Wir hatten damals vom Zelten keine Ahnung, schon gar nicht vom Nordseezelten.« Zwei junge Männer aus dem Nachbarzelt halfen der Chefin und ihrer Freundin beim Zeltaufbau. »Sie lachten sich kaputt über unsere viel zu kurzen Zeltheringe. Aber dann sammelten sie zusammen mit uns stabile Holzstöcke. Die schlugen wir jeweils mit einem oder zwei Heringen in den Sand und legten noch Steine oben drauf.« Das hielt. Die Hölzer verbinden sich sehr fest mit dem Boden. Die beiden Jungs hatten sich von ihrer Hilfsbereitschaft wohl etwas mehr versprochen. »Aber für den Tipp mit dem Holz waren wir sehr dankbar«, erzählt die Chefin. Ohne das Holz wäre den beiden ihr Zelt beim nächsten stärkeren Wind garantiert weggeflogen. »Nordseezelten ist nie langweilig«, findet sie. »Wenn es stürmt, musst du flugs nachbessern, Heringe fester einschlagen oder Gräben schaufeln gegen den Sturzregen, auch mitten in der Nacht. Zweimal hat die Chefin Windstärke 9 auf dem Campingplatz erlebt. Beim ersten Mal hielt das Zelt stand. »Wir hatten es mit Holz und langen Metallheringen fest im Sand verankert. Andere Zelte flogen durch die Gegend.«

Beim zweiten Mal, viele Jahre später, sind meine Rudelführerin und ihre Freundin Rita dem Nordseewetter auf den Leim gegangen. Es herrschte Sonnenschein und absolute Flaute bei der Ankunft auf der Insel. »Wir haben das Zelt zunächst nur notdürftig aufgebaut, wollten am nächsten Tag nachrüsten. Nachts kam der Sturm. Er ratschte einen langen Riss in die Leinwand. Uns blieb nichts anderes übrig, als mitten in der Nacht bei Sturm und Regen alles einzusammeln, im Kofferraum des Autos zu verstauen und im Auto zu übernachten.« Auch das war abenteuerlich. Die beiden hatten in ihrer Blauäugigkeit ihre Räder auf dem Autodach gelassen. »In dem Sturm konnten wir sie unmöglich herunterholen. Also saßen wir in dem hin und her schwankenden Auto.« Das bot dem Wind mit den beiden Rädern obendrauf eine richtig gute Angriffsfläche. Aber die Räder blieben oben und wurden nicht vom Wind heruntergerissen.» Rita war so bedient, dass sie ihr ganzes Zelt aufgegeben hatte. ›Lass den Scheiß doch liegen‹, hat sie gesagt. Aber wir haben es am nächsten Morgen geflickt und noch zwei Wochen darin auf der Insel verbracht.«

Ablagerungen

»Die Jungs aus dem Nachbarzelt zeigten uns damals auch den Kniepsand. Als unser Zelt stand, sind wir mit denen da hingelaufen. Wir waren völlig überwältigt von dieser riesigen Fläche, eine endlose Weite, das Meer ein Strich am Horizont. Mein erster Spaziergang über den Kniep zum Meer kam mir vor, als seien wir Stunden unterwegs.«

Die beiden Männer wiesen meine Chefin und ihre Freundin auf die Gefahren hin, die damals an dieser Stelle des Kniepsands lauerten.

»Sie zeigten uns Glasfelder mit vielen spitzen Scherben, natürlich große Muschelfelder mit vielen Muscheln, die einem die Füße zerschneiden können, Holzfelder mit etlichen leichten Hölzern, auch mit Nägeln drin, aber auch ganze Balken, Haushaltsgegenstände, Gummihandschuhe, natürlich Reste von Fischernetzen und Kanister, Töpfe, Taucherbrillen, Schuhe. Alles Mögliche lag auf dem Kniep dort herum. Manches davon wurde in den urigen Hütten auf dem Strand vorne verbaut.«

Muschelfelder gibt's ja immer noch, das ist schließlich Natur. Aber ansonsten ist der Kniep heute sehr aufgeräumt. Treckerfahrer sammeln regelmäßig Abfälle ab.

An Müllsammelaktionen für Einheimische und Touristen beteiligen sich viele Urlauber. Die Chefin nimmt sowieso alles mit, was nicht in die Natur gehört, Plastik zum Beispiel. Das machen viele Amrum-Urlauber. Die Insulaner haben für den Abfall überall windsichere Behälter aufgestellt

»Vieles ist heute anders«, sagt die Chefin, »professionelle Strandreinigung, überall Müllbehälter, Toiletten am Kniep.« Es gibt aber auch viel mehr Touristen, Kioske in der Nähe der Strandübergänge der Ortschaften, mehr Bebauung in den Ortschaften.

»Schön, dass Amrum trotzdem eine Insel des Naturschutzes geblieben ist«, freut sie sich.

Camperglück

»Früher bin ich nicht zu Fuß über die ganze Insel gewetzt wie heute«, erzählt die Chefin. »Wir machten Urlaub auf dem Campingplatz. Das Leben spielte sich im Wesentlichen um den Campingplatz herum ab.«

Sie reiste zuerst per Bahn an, dann mit Auto, dann mit Auto und Fahrrädern, dann mit Auto und Kindern. Jetzt kommt sie schon lange wieder per Bahn, neuerdings bin ich manchmal dabei.

Der Campingplatz war früher ganz einfach, ein kleiner Laden, ein schlichter Aufenthaltsraum und natürlich Waschräume, Toiletten und Möglichkeiten, sein Geschirr abzuwaschen. Einen Imbiss gab es auch.

»Zelten, das war paradiesisch. Die Kinder fanden hier ruckzuck Freunde, bildeten eine Gang, und der ganze Campingplatz und die Dünen wurden ihr Spielplatz. Es war auch paradiesisch für mich. Auf den Amrumer Zeltplätzen bist du mitten in der Natur. Allein der Geruch nach Nadelbäumen, Heckenrosen und der blühenden Heide, Wahnsinn.«

Es rennen hier ja sowieso überall Tiere herum, also auch auf dem Campingplatz. Kaninchen, Fasanen, Möwen und andere Seevögel, aber auch Singvögel. »Wenn die Sonne scheint, treibt sie dich morgens aus dem Zelt, weil es sich im Nu aufheizt. Nachts sind wir im Dunkeln mit Taschenlampe über den Platz zum Klo und mussten aufpassen, dass wir nicht über die unzähligen Zeltheringe und Schnüre stolperten. Aber die von innen beleuchteten Zelte und der Sternenhimmel über dir, die kreisenden Lichtarme des Leuchtturms, die Vogelstimmen und das Gemurmel der Menschen, die machten diesen Gang dann schön.«

Nicht nur die Kinder, auch die Erwachsenen lernen unweigerlich andere Menschen kennen. Beim Zelten kommt man sich nah, trifft sich überall wieder, bei den Abwaschbecken, in den Duschräumen, im Laden oder einfach so auf dem Platz. Am schönsten fand die Chefin, wenn irgendjemand eine Klampfe dabei hatte, eine Gitarre. »Gitarrenmusik hören, vielleicht ein bisschen mitsingen, bei schlechtem Wetter im Aufenthaltsraum, bei gutem Wetter in den Dünen. Schön war das. Das sind Momente, die man nie vergisst«, schwärmt sie.

Große Tiere

Mir wären sie eigentlich egal, wenn die Chefin und Harald da mit mir nicht immer so nah rangehen würden. Um was es geht? Um die größten Tiere auf Amrum.

Wir begegnen ihnen an vielen Stellen auf der Insel. Zwischen Nebel und Steenodde zum Beispiel. Wenn mein Begleitpersonal da auf der einen Seite das Leben unten am Watt beobachtet, und ich Sträucher, Zaunpfähle und Wegesränder abscanne, dann tauchen die großen Tiere manchmal neugierig auf der anderen Seite des Weges auf. Wenn meine Leinenhalter das mitkriegen, wackeln sie sofort da rüber, mit mir.

Ich finde das scheiße. Sie sollten sich besser auf das Gewimmel unten am Kliff konzentrieren. Auf die Eiderenten, die da faul rumliegen, auf den Austernfischer, der erbittert seinen Nachwuchs gegen einen großen Fasan verteidigt. Faszinierend, wie er ihn ohne große Mühe in die Flucht schlägt. Außerdem wächst da ein ganzer Pulk roter Mohn, die Lieblingsblumen der Chefin. Soll sie die anstarren. Das tut sie doch sonst auch.

Aber nein, die großen Tiere haben es meinen beiden Vorgesetzten angetan. »Die strahlen so eine Ruhe und Gelassenheit aus«, findet Harald. »Und sie haben so wunderschöne Augen«, säuselt die Chefin. Wunderschöne Augen? Ich glaub', ich spinne. Die haben Kuhaugen, glotzen mich damit an und erzeugen das genaue Gegenteil von Gelassenheit. Panik! Tiere dieser Größenordnung ertrage ich nur mit einem gebührenden Sicherheitsabstand. Da können die beiden noch so begeistert daherreden.

Rinder, ob braune, beige oder schwarz-weiße, werden nie meine Freunde sein. Sogar ihre «niedlichen» Kälbchen sind eindeutig eine Nummer zu groß für mich.

In der Wüste

Es haut uns um! Die Chefin starrt fasziniert auf die endlose Weite dieses Ortes. Ich erschnüffle in kurzatmiger Turbogeschwindigkeit die endlose Vielfalt der auf mich einstürmenden Gerüche.

Harald haben wir bei der »Strandbar Seehund« in einem der Strandkörbe mit Blick auf den Kniep platziert. Er machte einen äußerst zufriedenen Eindruck, hatte sein Buch schon in der Hand. Ich glaube, er war froh, als wir endlich verschwanden.

Jetzt sind wir ganz vorne am Meer. Eine kleine Familie sitzt an einer Düne. Das ist alles, mehr Leute sind hier nicht. Deshalb erscheinen das Klohäuschen und der Mülleimer wie eine Fata Morgana mitten in der Wüste. Nicht mir, aber der Chefin. Sie befördert umgehend den Beutel mit meinen Hinterlassenschaften in den Eimer. Den Beutel schleppt sie schon seit geraumer Zeit mit sich rum. Natürlich peilt sie auch das stille Örtchen an. »Alles total sauber«, teilt sie mir anschließend freudig mit. Beides, Klo und Mülleimer, scheinen sie sehr glücklich zu machen. Dazu die endlose Weite des Knieps und der glitzernden Nordsee. Sie gerät völlig aus dem Häuschen.

Schließlich entdeckt sie die Hängematte. Ein Netz, das hier mitten in der Wildnis an in den Sand gerammten Holzstämmen hängt. Sie hievt sich wenig elegant hinein. Aus der Kuhle ertönt ihr übliches »Gott ist das schön!« Dieses Mal meint sie die vor sich hinziehenden weißen Wolken am blauen Himmel. Dann klettert sie genauso wenig elegant wieder raus, eifrig bemüht, nicht das Gleichgewicht zu verlieren und auf den Strand zu purzeln.

Schließlich setzen wir uns vorne ans Meer. Die Chefin muss jetzt noch eine Weile auf das Wasser starren. Das gehört dazu. Aber es geht vorüber. Wir treten den Rückmarsch an. Harald macht nicht den Eindruck, als hätte er uns vermisst, im Gegenteil.

Klaar kiming

Das ist aber mal eine Begrüßung. Pünktlich zu unserem Eintreffen in Nebel läuten die Glocken der St.-Clemens-Kirche. Aber die meinen uns gar nicht. Es ist 12 Uhr. High Noon, Mittagszeit.

Von Steenodde am Watt entlang bis hierher hatten wir Gegenwind, herrlich. Wind ist einfach obercool. Lästig kann er nur werden, wenn man wegfliegt. Ich bin locker neben dem Rad hergetänzelt. Zwischendurch haben wir angehalten, mein Begleitpersonal zum Seevögelglotzen, ich zum Pi-Mails lesen und schreiben.

Aber jetzt haben meine Oberbefehlshaber genug von dem Wind. Sie machen einen leicht abgekämpften Eindruck. Wir fahren Richtung Wald und daran entlang weiter Richtung Norddorf.

Die Sonne scheint, vom Wind merken wir hier nicht mehr viel, die Laune der beiden steigt, meine auch, und uns kommen lauter grinsende Leute entgegen, zum Teil mit grinsenden Hunden. Man kann weit über die Insel gucken, bis Föhr. Die Sicht ist klar heute. »Rüm hart – klaar kiming«, wie die Seefahrer sagen. Auf Hochdeutsch heißt das »Großes Herz, Klare Kimme«. Oder auch klarer Blick, so habe ich gehört. Die Kimme ist bei den Seeleuten die Linie zwischen Meer und Himmel und wenn man die klar in Gänze sehen kann, dann bedeutet das beständiges Wetter und eine angenehme Schiffsreise, heißt es. Das behauptet zumindest die Chefin.

Aber eigentlich bedeutet Rüm hart – klaar kiming noch viel mehr, weil die Kimme der Ort ist, wo Erde und Himmel sich treffen, das

Irdische und das Göttliche. Und wenn das Irdische und das Göttliche zusammentreffen, dann ist das ein magischer Moment, der das Herz öffnet. So ist das, und deshalb grinsen sich die Menschen alle gegenseitig an, und auch die Hunde. Weil wir von der klaren Kimme alle ganz besoffen sind vor lauter Glückseligkeit, und unser Herz gerade so groß ist wie schon lange nicht mehr. Und die Chefin fängt jetzt tatsächlich auf ihrem Fahrrad an zu singen, und ich kann auch nicht mehr an mich halten und jaule mit.

Rüm hart – klaar kiming, was für ein Tag!

Gefahr am Klo

Die Chefin bremst. Warum? Sie hat etwas entdeckt. Am Wegesrand steht ein neues Toilettenhäuschen. Es ist im Friesenstil gebaut, aus Holz mit Reetdach, und steht vor einem frisch bepflanzten Waldstück. »Wie hübsch«, säuselt sie.

Etwas irritiert liest sie das Schild an dem kleinen Klo. »Achtung!« steht da. Das ist seltsam. Ist das Betreten dieses Abortes gefährlich? Wenn ja, warum? Wir gehen näher ran. »Achtung! Waldbrandgefahr!,« steht da. »Rauchen, Feuer und offenes Licht verboten!« Dazu gibt 's die passenden Zeichnungen.

Seitdem es oft wochenlang trocken ist, hängen viele solcher Schilder im Wald. »Ein Funke genügt«, sagt Harald, »dann brennt das hier wie Zunder.«

Weil wir jetzt schon mal gebremst haben, machen wir bei einer Bank ein Stückchen weiter eine kleine Rast. Jede Menge Post von meinen Kollegen gibt's hier zu lesen, alle superhöflich, mit den besten Grüßen an die Leser. Also antworte ich im gleichen freundlichen Tonfall. Wahrscheinlich tauchen hier gleich auch wieder die üblichen Verdächtigen auf, das hypnotisch mümmelnde Kaninchen und der Fasan mit der Blechbüchsenröhre, und wahrscheinlich schlafen wir alle gleich wieder ein. Das ist ja nichts Neues, das passiert uns hier ständig. Wenn wir uns irgendwo niederlassen, rutschen wir regelmäßig umstandslos in ein angenehmes kleines Nickerchen.

Aber heute kommt was dazwischen. Meine Oberbefehlshaberin entdeckt neben der Bank mehrere Zigarettenkippen. »Kippen, hier im trockenen Wald und Heidekraut, ich glaub' es hackt!«, regt sie sich auf.

Ich glaub', es hackt ist ein ziemlich bescheuerter Ausdruck. Aber ich versteh' sie trotzdem, wir kennen uns ja schon länger. Und wenn Leute hier im Wald rauchen, dann verschwindet auch bei mir das innere Lächeln und verwandelt sich in ein grimmiges inneres Zähnefletschen!

Strandkorbpause

»Letj Jaat«, die Chefin hält einen Zettel in der Hand und buchstabiert Begriffe vor sich hin. Wir haben es uns beim Kino »Licht-Blick« in Norddorf bequem gemacht. Harald und die Chefin im Strandkorb, ich liege auf dem Rasen davor und kann mich auch nicht beklagen. Ich bin eine lange Strecke neben dem Rad gelaufen. Dieser Rüm hart – klaar kiming-Tag nimmt alles in allem einen sehr guten Verlauf.

Den Zettel hat die Chefin sich aus der Touristen-Info besorgt. »Letj Jaat«, das heißt auf Friesisch Kleine Dorfstraße«, sagt sie zu Harald. Der hat die Augen schon halb geschlossen. Aber das nützt ihm nichts. Er wird an ihrer Erkundung der Norddorfer Straßennamen teilhaben müssen. »Das hört sich alles so gemütlich an, auch »Letj Nuurd«, das heißt Klein-Norddorf, eine Straße benannt nach einigen armseligen Hütten, die südlich von Norddorf auf der Heide standen.« »Die Leute, die in diesen Hütten lebten, fanden das bestimmt alles andere als gemütlich«, wendet Harald ein. Aber die Chefin lässt sich nicht beirren. »Hör mal«, fährt sie fort, »Sackgasse heißt auf Friesisch ›Blinj Wai‹, also Blinder Weg. Das ist alles ein bisschen weicher, so wie Plattdeutsch«. Sie hört sich manchmal die Nachrichten bei Radio Bremen auf Plattdeutsch an, kann sie sogar zum großen Teil verstehen, weil ihre Eltern häufig Platt miteinander geredet haben. »Die haarsträubendsten Informationen verlieren ihre Schrecken, wenn sie in einer solch gemütlichen bodenständigen Sprache gesprochen werden«, findet die Chefin.

Okay, wenn ihr das Freude macht. Das ist doch schön. Ich schließe jetzt lieber die Augen. Noch ein kurzer Kontrollblick nach oben. Die Chefin röchelt leise vor sich hin, ihre Augen sind zu, den Zettel hält sie noch in der Hand. Auch Harald schläft schon. Das gemütliche Friesisch scheint die beiden so eingesäuselt zu haben, dass sie weggedämmert sind. Na dann: Gute Nacht.

Brandungsschwimmen

Auf das komische Gesabbel meiner Oberbefehlshaberin könnte ich manchmal gut verzichten. »Guck mal, Carlo, trägt wieder seine abgefahrene Minipli-Frisur!«. Sie strubbelt mit der Hand durch mein feuchtes Fell. Minipli, das war eine Dauerwelle mit sehr kleinen Löckchen, die in der Jugend meines Begleitpersonals eine Zeit lang modern war. Minipli trugen Männer und Frauen, angeblich sogar der Fußballer Rudi Völler. Meine Oberbefehlshaberin trug diesen Look nie. Sie hat glatte Haare. Einmal im Leben hat sie sich aber eine richtige Dauerwelle machen lassen. Zu ihrer Verblüffung haben ihre damals noch kleinen Söhne sie danach zunächst nicht erkannt. Dann haben sie ihr umgehend mitgeteilt, dass sie ihre Frisur total bescheuert finden. Kinder sind ja erfreulich direkt. »Es dauerte Monate, bis die Locken wieder raus waren« erzählt die Chefin lachend.

Früher, in meinem ersten Leben, war ich minipli-frei. Ich war ein wasserscheuer Hund. Höchstens bis knapp zum Bauch bin ich ins Wasser getapst, weiter nicht. Ich bekam Angst. Dann, eines Tages, passiert es: Die Chefin schmeißt einen Stock in den Bremer Werdersee. Und was mache ich? Ich springe ins Wasser, schwimme und hole ihn raus. Irre! Ich war selbst überrascht. Und sie erst! Seitdem ist die Angst weg.

Jetzt trage ich häufig Minipli-Locken, immer nach dem Schwimmen. Im Gegensatz zu vielen Menschen in der Jugend meiner Rudelführerin, also vor gefühlten 100 Jahren, steht mir dieser Look sehr gut. Er verstärkt meine natürliche Lockenpracht, auf die die Menschen alle so abfahren. Gerade hechten wir zusammen in die Fluten am Norddorfer Hundestrand. Die Chefin hat den Ball reingeworfen und los geht's. Ich schwimme nicht nur, ich tauche sogar. Hier kann ich so richtig die Sau rauslassen. Viele begeisterte vierbeinige Schwimmer treiben sich hier rum. Große und kleine, und alle lachen vor Wonne wie ich.

Da vorne versucht gerade ein kleinerer Kollege seine Furcht zu überwinden. Er wagt sich ein Stück ins Wasser, aber wenn eine Welle kommt, weicht er wieder zurück. Bin ich froh, dass ich das Schwimmen und Tauchen noch rechtzeitig entdeckt habe. Mir wäre sonst echt was entgangen.

Nach dem Bad rubbelt mich die Chefin mit meinem Hundehandtuch trocken. Herrlich, das kann die meinetwegen stundenlang machen. Dafür nehme ich sogar den gestammelten Blödsinn über meine Minipli-Lockenpracht in Kauf.

Der Wald

Die Chefin und Harald, meine beiden Vorgesetzten, sind nicht die einzigen, die sich mit ihrem Hund hier rumtreiben. Schwer was los hier heute. Der Wald ist gut besucht. Es ist wieder schweineheiß, um es mit ihrem bekloppten Vokabular auszudrücken. Der Strand muss bis zum späten Nachmittag auf uns warten.

Wir hocken auf einer Bank am Einstieg auf den langen Nebeler Dühnenbohlenweg. Ich natürlich nicht, ich liege auf dem Boden. Meine menschlichen Begleiter studieren die Kiefern am Wegesrand. »Die sehen aus wie Affenbrotbäume«, befindet die Chefin. Affenbrotbäume, keine Ahnung, was das ist. Ist ja auch egal, ich finde, die sehen einfach aus wie Kiefern, schief und krumm und schon ziemlich alt.

Wir können hier auch gern ein bisschen rumrennen. Platz ist genug. Der Wald reicht vom großen Leuchtspargel bis nach Norddorf. Ein Fußballfeld, also ein richtig großes, wo die Profis drauf spielen, das passt in den Amrumer Wald 28 Mal rein, behauptet zumindest die Chefin. Ehrlich gesagt weiß ich gar nicht, wie groß ein Fußballfeld ist. Fußballstadien sind tabu für Hunde. Ich will da auch gar nicht rein. Ich habe meinen eigenen Ball, den ich hin und her kicke. Auf keinen Fall will ich mir den mit 21 anderen Kickern teilen. Aber das spielt ja jetzt keine Rolle.

Am Anfang gab's auf Amrum nur die paar Laubbäume rund um die Vogelkojen, Erlen, Ulmen, Birken und Weiden. Ende des 19. Jahrhunderts wurden die ersten Kiefern angepflanzt, hier in Nebel, am Rande der Dünen. Sie sollten gegen den Sandflug schützen. Über die Jahre kamen weiter Waldstücke dazu. Den großen Schub gab es zwischen 1953 bis 1957, eine Neuaufforstung von 150 Hektar. Das waren immer überwiegend Nadelbäume.

Aber warum erzähle ich das eigentlich alles, das kann sich doch sowieso keine Sau merken? Mein Gott, schon wieder so ein idiotischer Ausdruck aus dem Tierreich.

Bedrohungen

Mal sehen, ob ich jetzt irgendwie Grund in dieses Waldthema kriege.

1980/81 kam der Amrumer Wald in arge Bedrängnis. Nicht durch Sturm oder Feuer, das feuchte Inselklima machte ihm zu schaffen. Ihm fehlte Licht und Luft. Schädliche Pilze breiteten sich aus, und das Schwarzkiefer-Triebsterben setzte ein. Also wurde der Wald aufwendig durchforstet, so dass wieder Luft und Wind hineinkam.

Der nächste schwere Schlag war der Orkan Anatol im Dezember 1999. Er raste mit bis zu 200 Stundenkilometer über Nordeuropa und zerstörte 10 Hektar Bäume auf Amrum.

Der schlimmste Einbruch passierte 2013. Zwei Orkantiefs jagten über die deutsche Nordseeküste. Im Oktober zerschlug der heftige

Sturm Christian große Teile des südlichen Amrumer Waldes. Nach ein paar Wochen nahm sich der Sturm Xaver den nördlichen Teil vor. Danach war der Amrumer Wald an vielen Stellen gar nicht wiederzuerkennen. Auch der Schutzschirm aus alten Schwarzkiefern hielt diesen heftigen Orkanen nicht stand.

»Ein Wunder, dass die Neuaufforstung danach mit jungen Laubbäumen trotzdem so gut geklappt hat«, findet die Chefin. Bis jetzt sind die jungen Bäume ganz wunderbar hochgewachsen.

Und das soll so weitergehen, wir wollen diesen schönen Wald unbedingt behalten. Es gibt Leute, die sagen, dass es Blödsinn war, einen Wald dieser Größe auf einer Nordseeinsel wie Amrum anzulegen. Möglicherweise würde sowas aus Naturschutzgründen heute wohl tatsächlich nicht mehr gemacht werden.

Aber jetzt ist dieser schöne große Inselwald da. Wir lieben ihn und wollen, dass er bleibt. Genau das ist auch der Grund, warum ich diesen ganzen Waldkram erzähle. Wenn wir mitkriegen, dass irgendjemand diesen schönen Wald gefährdet, bekommen wir alle schlagartig schlechte Laune. Zigarettenglut ist der Feind des Waldes, und sogar rumliegendes Glas kann bei starker Sonneneinwirkung ein Feuer entfachen. Das haben wir schon hautnah erlebt, an einer anderen Stelle der Insel.

Feuer!

Sirenengeheul, danach mehrfach ein Martinshorn, dann eine dichte dunkle Rauchwolke über der Insel. Ein warmer Juninachmittag. »Was ist los?« Die Chefin und Harald schirmen ihre Augen gegen die Sonne ab und versuchen das rauszukriegen. Vom Nebeler Strand sieht es aus, als sei in Nebel ein Feuer ausgebrochen. »Da muss wirklich was passiert sein«, sorgt sich die Chefin. »Ja«, ahnt auch Harald, »an so einem warmen Tag wird die Feuerwehr wohl kaum eine Feuerlöschübung veranstalten.«

Die Wolke hält sich eine Weile, es riecht verbrannt, dann verzieht sie sich wieder. Abends erfahren wir, dass es praktisch vor unserer Haustür in Steenodde gebrannt hat. Eine große Fläche Gras und Gebüsch und eine Holzbank beim Steenodder Deich neben der Mole hat Feuer gefangen. Als Auslöser vermutet man ein Kameraobjektiv, das jemand dort verloren hat. Später hat die Chefin im Internet in den Amrum News gelesen, dass es auch Glasscherben- oder -flaschen gewesen sein können oder eine glühende Zigarettenkippe.

In einem Großeinsatz von sämtlichen freiwilligen Feuerwehren der Insel konnte der Brand schnell gelöscht werden. Die Holzbank war zerstört und etwa 500 Quadratmeter Dünengrasfläche verbrannt. Dieser Feuerausbruch war im wahrsten Sinne brandgefährlich. Nicht weit von dieser Stelle entfernt lagern unterirdische Öltanks zur Versorgung der Insel.

Der Klimawandel hat mit seinen trockenen Sommern schon längst auch Amrum erfasst. Früher hat sich meine Chefin immer gewundert, dass im Wald kaum Hinweisschilder auf Waldbrandgefahr vorhanden waren. Jetzt prangen rote Warnaufkleber auf vielen Bänken im und am Wald.

Am Steenodder Deich natürlich nicht. Niemand wäre auf die Idee gekommen, dass es ausgerechnet dort anfängt zu brennen.

Flachwasser

»Ui, das ist kalt!«, schreit die Chefin. Halt das übliche Theater, wenn sie sich früh morgens in die Fluten neben der Mole in Steenodde begibt. Aber die Kollegin, die heute mit ihr ins Wasser schreitet, ist anderer Meinung. »Das darfst du nicht sagen, du musst rufen ›Herrlich, wie herrlich‹.«

Diese Dame ist eine von den ganz Harten, die badet fast das ganze Jahr in einem See in der Nähe von ihrem Zuhause. »Wenn's friert schlagen die Männer ein Loch ins Eis.«

Also kreischt meine Chefin jetzt voller Inbrunst »Herrlich, wie herrlich!« Dabei keucht sie und versucht sich ganz unter Wasser zu tauchen. Das klappt aber nicht so richtig. Sie muss dafür viel weiter reingehen als sonst, obwohl schon fast Hochwasser ist. »Das ist ja komisch, das Wasser ist gar nicht richtig aufgelaufen«, wundert sie sich.

Komisch ist eigentlich nur, dass sie die Sache mit Ebbe und Flut und Springflut und Nippflut einfach nicht kapiert. Auch jetzt kommt sie überhaupt nicht auf die Idee, dass es sich hier um den klassischen Fall einer Nippflut handeln könnte. Soviel zu Theorie und Praxis.

Aber abends, auf unserem letzten wundervollen Spaziergang am Watt zwischen Steenodde und Nebel bei würziger Luft und Austernfischergeschrei, geht der Chefin plötzlich ein Licht auf. Dieses Licht erscheint ihr in Form des bereits kleiner werdenden Halbmonds.

»Ich hab's«, sagt sie zu mir, dem Hund. »Heute Morgen, das war die Nippflut, die gibt's immer bei Halbmond.«

Na endlich, geht doch. Ein bisschen von dem Ebbe- und Flut-Kram ist in ihrem Gehirn hängen geblieben.

Zugezogene

»Hier wimmelt's von Zugezogenen aus dem Ausland«, behauptet die Chefin. Wieso das denn, das ist doch eine nordfriesische Insel? Aber die Chefin besteht darauf, dass ganz viele Amrumer rein gar nichts mit dem Friesischen zu tun haben. Sie sind aber trotzdem Insulaner, weil sie schon so lange hier leben. »Aus Spanien zum Beispiel stammen total viele von denen«, behauptet sie jetzt kühn. »Seit Generationen machen die sich hier breit«, grinst sie.

Hm, ich glaube meine Oberbefehlshaberin will uns auf den Arm nehmen. Aber angeblich laufen uns diese Spanier hier ständig über den Weg. »Sie sind überall. Sie sind klein und schnell und sehr hübsch und bezaubern die Touristen mit ihren braunen Augen und ihrer Anmut. Seit dem dreizehnten Jahrhundert breiten die sich schon auf Amrum aus, das ist sogar schriftlich belegt« doziert die Chefin oberschlau vor sich hin.

Also, mir laufen hier nur ständig Karnickel über den Weg. Die sind genau auf meiner Augenhöhe und bleiben dreist kurz vor meiner Nase sitzen, weil sie genau wissen, dass ich sie nicht jagen darf. Sie bezaubern mich nicht, sie bringen mich zur Weißglut. Wenn ich ihnen länger zusehe bei ihrem stundenlangen Gemümmel, versetzen sie mich in eine Art Hypnose. Das finde ich äußerst beunruhigend. Allerdings haben sie braune Augen, Knopfaugen, die die Menschen schön finden. Possierlich finden die Menschen sie auch, wie sie herumflitzen und von einem Trupp Kaninchenkindern umgeben die Felder, die Gärten, die Dünen und sogar die Straßen bevölkern.

Und dann lässt die Chefin endlich die Katze aus dem Sack. »Wildkaninchen meine ich, die sind ja auch Insulaner, kommen aber ursprünglich aus Spanien, und sind vom dänischen König Waldemar hier ausgesetzt worden, für die Jagd.«

Aha, also tatsächlich diese braungrauen Nervensägen. Allerdings werden sie durch die Seuche Myxomatose regelmäßig dezimiert. Die Seuche lässt Nasen, Lippen, Ohren, Augen und Genitalien der Karnickel anschwellen. Sie fressen nicht mehr und gehen nach etwa zwei Wochen ein. Die Chefin würde am liebsten alle retten. Erfreulicherweise kann sie das nicht, sonst würde es noch mehr Kaninchen auf der Insel geben.

Und ich würde komplett durchdrehen, weil ich mehr von diesen dreisten Hoppeltieren in meinem unmittelbaren Umfeld einfach nicht ertragen könnte.

Noch mehr eingewanderte Insulaner

»Igel gab es hier früher auch nicht«, berichtet die Chefin. Ich ahne Fürchterliches. Sie hat gestern schon wieder in einem »Kleinen Amrumer« geblättert und was Neues gelernt. Das wird sie jetzt in ihrem missionarischen Eifer an uns weitergeben. Harald hat auch schon flehende Blicke zum Himmel gesendet.

Jetzt also Igel. Wie sind die denn auf dieses Eiland geraten? Können die schwimmen? »Die haben tierliebe Jugendliche mit rübergebracht, so um 1900 soll das gewesen sein«, informiert uns die Chefin.

Igel sehen wir nicht oft, Gott sei Dank. Wenn ich mich ihnen nähere, rollen sie sich zu einer Kugel zusammen. Einmal habe ich an so einem Viech rumgeschnuppert. Das hat wehgetan, die haben Stacheln, das war sehr unschön. Die tierverrückten Jugendlichen hätten die auf dem Festland lassen sollen.

Aber das ist natürlich noch nicht alles. Das wäre ja auch ein Wunder gewesen. »Eichhörnchen gab's hier früher auch nicht. Die haben die Amrumer hier erst in den sechziger Jahren eingebürgert, um den Inselwald lebendiger zu machen.«

Eichhörnchen gehören nicht in mein Beuteschema. Sie halten sich in der Regel in einer Region weit über meinem Schnüffelareal auf. Manchmal belle ich, wenn die von ganz unten einen Baum hochflitzen. Jagen tue ich die nicht. Die sind unglaublich schnell. Selbst Katzen kriegen Eichhörnchen nur schwer zu fassen. Ich habe schon mal erlebt, dass eine Katze oben im Baum festsaß und sich nicht mehr runter traute, während das Eichhörnchen, hinter dem sie her war, zack, zack mal eben auf den Nachbarbaum gesprungen ist. Meine Schadenfreude kannte keine Grenzen.

Okay, weiter, was noch? »Fasanen«, fährt die Chefin fort, »die kommen ursprünglich aus Asien. Die sind hier auch zum Jagen ausgesetzt worden.« Die bunten Riesenvögel mit dem Blechbüchsensound also, und deren unscheinbare Weibchen mit ihren fast unsichtbaren Kindern. Die brauche ich hier auch nicht, die gehen mir mit ihrer Herumschreierei auf den Wecker.

Aber die Menschen finden vor allem die geckenhaften Männchen schön. Und sie haben auch nichts gegen einen Fasanenbraten. Im Herbst geht's denen an den Kragen, nur den Männchen. Die Weibchen haben das ganze Jahr Schonzeit. Aber doof sind die Fasanenmänner auch nicht. Manche laufen in der Jagdzeit in die Dörfer. Da kann ja keiner mit seiner Flinte rumballern. Sie sind auch rabiat. Fasanenhähne dulden keine anderen Hähne in ihrem Revier. Da kann es auch schon mal Tote geben. Mit dem Kinderkriegen läuft es dann aber wie bei uns. Die Hennen kriegen die Kinder, müssen sie alleine ausbrüten und sich um sie kümmern. Mit ihren Nachkommen haben die Fasanenhähne also genauso wenig zu tun wie wir Rüden mit den Welpen.

Jetzt ist aber endlich Schluss mit der heutigen Unterrichtseinheit unserer Oberlehrerin. Harald und sie setzen sich auf eine sonnige Bank im Wald. Ich lege mich daneben auf den angewärmten weichen Boden. Und da kommen sie auch schon alle angewackelt, unsere eingewanderten Insulaner. Das mümmelnde Kaninchen platziert sich zwei Meter von meiner Schnauze entfernt, ein Eichhörnchen wetzt einen Fichtenstamm hoch, und die wandelnde Blechbüchse irrt durchs Gesträuch und gibt ihren Horrorgesang von sich. Nur der Igel macht sich rar.

Zugänge und Abgänge

»Am Strand liegen auch ganz viele Eingewanderte herum«, behauptet die Chefin.

Okay, von mir aus. Solange wir nicht darüber stolpern, ist mir das egal. »Nach Sturmfluten sind es Hunderttausende, ja Millionen. Die Eingewanderten sind lang und dünn und knirschen, wenn man drauf tritt. Dass man drauf tritt, kann man eigentlich gar nicht verhindern, weil es so viele sind. Es sind Amerikanische Schwertmuscheln, bzw. ihre Schalen.« Die haben sich hier klammheimlich breit gemacht seit den siebziger Jahren. Sie sehen der einheimischen

Schwertmuschel so ähnlich, dass Wissenschaftler erst nach Jahren gemerkt haben, dass sie Amerikaner sind. Das nennt man perfekte Tarnung. Inzwischen haben sie sich explosionsartig vermehrt.

Wie sind die hierhergekommen? Vielleicht als Laich im Ballastwasser von Schiffen. Es gibt aber auch Muscheln, die schon vor vielen Jahrhunderten mit Meeresströmungen eingewandert sind.

Die einen wandern nach hier, die anderen nach da. Manche verschwinden auch aus unerklärlichen Gründen. Die einheimische Auster zum Beispiel. Die wurde einfach immer weniger. Deshalb wurde in der Zucht die Nordpazifische Auster eingesetzt. Vor Sylt werden jedes Jahr Millionen von denen produziert, auch in Holland. Jetzt verdrängt die Pazifische Auster an manchen Stellen im Watt die Miesmuscheln.

Ein einziges Hin und Her. Alles ist in Bewegung. Die wilde Rose in den Dünen, auf deren Geruch die Chefin so abfährt, kommt auch nicht von hier. Sie heißt eigentlich Kartoffelrose, auch Kamchatka-Rose, auf Latein Rosa rugosa. Sie stammt aus Ostasien und wuchert fröhlich vor sich hin. Dabei verdrängt sie einheimische Pflanzen wie die eigentliche Dünenrose mit dem lateinischen Namen Rosa pimpinellifolia. Was für ein wundervoller Name, Rosa pimpinellifolia, das muss man sich mal auf der Zunge zergehen lassen.

Rock auf der Hallig

»Weißt du noch, das Rockkonzert auf der Hallig?«, fragt Harald die Chefin. Klar weiß die Chefin das noch, und ich auch. Es ist schon ein ein bisschen her.

Die Band Torfrock hatte einen Auftritt in einem großen Schafstall auf Langeneß. Da wollte die Chefin unbedingt hin, der Atmosphäre wegen. Torfrock auf Langeneß auf der Warft Hilligenlei. Gott ja, von mir aus. Ich musste nicht mit, das war die Hauptsache. Harald sollte mit und wollte das auch.

Ich habe diesen Abend bei Trude in Süddorf verbracht. Wir kennen uns ja schon länger und können uns sehr gut leiden. Mich mögen übrigens die meisten Menschen. Wegen meines seidenweichen Fells, weil ich nicht haare, weil ich so ein gelassener Typ bin. Die Kinder mögen mich, weil ich so gern spiele. Stundenlang können die den Ball für mich durch die Gegend werfen. Die können da gar nicht genug von kriegen.

Ich habe den Abend mit Trude sehr genossen. Die Chefin und ich müssen ja auch nicht aneinander kletten wie siamesiche Zwillinge. Anschließend haben die beiden mich dann mitten in der Nacht wieder abgeholt zu einer kleinen Nachtwanderung nach Hause.

Nachts ist es auf Amrum anders als in Bremen. Es ist viel dunkler. Nur der Leuchtturm spendet Licht, und der Mond, wenn er denn am Himmel steht, und die Sterne. Und es ist viel feuchter. Amrum liegt mitten im Meer. Nach Einbruch der Dämmerung legt sich die Feuchtigkeit wie eine Decke auf die Landschaft. Laue trockene Sommernächte sind auf Amrum eine Ausnahme. Aber diese Nacht war ohnehin feucht, es regnete. Und wegen der vielen Wolken waren auch Sterne und Mond nicht zu sehen.

Die beiden schienen Spaß gehabt zu haben auf der Hallig. Am besten fanden sie die Rückfahrt durch die Nacht übers Wattenmeer mit dem kleinen Schiff Eilun, bei Wind und Regen. Sowas machen die als Bremer ja nicht jeden Tag. Ich vermute allerdings, auch die Amrumer machen sowas nicht jeden Tag, aber das tut ja nichts zur Sache.

»Das Konzert war laut und witzig«, fand Harald. »Ich habe noch nie so viele ausgelassen tanzende Männer gesehen. ‚Beinhart wie' n Rocker', die Texte sind ja auch so ein richtiges Männerding«, lautete der Kommentar der Chefin.

Ich sag' nur eins: Gut, dass ich nicht dabei war.

Rainy Day

Der Wind schiebt dunkle Wolken über die Insel. Leider sind es keine einzelnen Wolken, sondern eine ganze Wolkendecke, die da oben herumwogt. Sie bedeckt nicht nur Amrum, sondern gleich ganz Nordfriesland. So sieht das zumindest aus. Sie entlädt sich seit einer Stunde als Regen über der Insel und macht nicht den Anschein, als wolle sie damit so schnell wieder aufhören.

»Sieht so aus, als wenn es sich einregnet«, konstatiert mein Begleitpersonal sehr richtig. Was bietet sich da an? Rumsitzen, stundenlang frühstücken und schnacken mit anderen Feriengästen und danach wieder ins Bett legen und lesen.

Ja, das wären Möglichkeiten. Allerdings nicht, wenn man einen Hund wie mich mit sich führt. Einen Hund, der nach langen ausführlichen Ausflügen verlangt. Also werden sich meine Rudelführer etwas einfallen lassen müssen. Mein Vorschlag: Ab in den Wald. Wofür schließlich gibt es diese vielen Bäume auf der Insel?

Und tatsächlich, die beiden scheinen Gedanken lesen zu können. Sie werfen sich in Regenhose, Friesennerz und Gummistiefel. Die Sachen von der Chefin sind alle gelb. »So viel Sonnengelb«, freut sie sich, »da kriegt man ja richtig gute Laune.« Das färbt umgehend auf mich ab. Wenn sie gute Laune hat, bekomme ich die automatisch auch. Freudig erregt tanze ich um die beiden herum, bis es schließlich losgeht.

Nur ein kurzer Weg, dann sind wir schon im Steenodder Wald. Viel frisches Grün. Wir durchwandern ihn einmal der Länge nach, am windgeschützten Spielplatz vorbei. Am Ende wenden wir uns nach links und umkreisen ihn an den Kuhweiden entlang Richtung Deich, dann wieder nach links am Wald entlang bei den Ponys vorbei. Auf der anderen Seite des Waldes links rum führt ein Feldweg mit Blick auf die Felder und den Amrumer Hauptleuchtspargel. Am Waldende marschieren wir wieder links und dann andersrum mitten durch den Wald zurück Richtung Deich und Watt. Ein schöner langer, geschützter Spaziergang.

Und siehe da, der dunkle Himmel hat schon wieder blaue Lücken. Die ersten Sonnenstrahlen werden sichtbar. Kurze Pause, meine Rudelführer packen ihre Sachen, und auf geht's im Fahrradanhänger mit den beiden Richtung Nebeler Hundestrand.

Im Schnüffelmodus

Irgendwas ist immer. Die Sache mit dem feinen Amrumer Sand ist schon lange geklärt. Jetzt beackert die Chefin wieder ein neues Feld.

Ihr neues Lieblingsthema kommt mir sehr entgegen. Es hält uns beide in ständiger Bewegung, auch am Kniepsand. Rumhängen im Strandkorb oder an einer Düne war gestern. Meine Oberbefehlshaberin rennt in ähnlicher Haltung wie ich durch die Gegend. Kopf, Augen und Nase sind nach unten gerichtet, nur dass ihr Kopf etwas höher angesiedelt ist als meiner. Sie geht auf zwei Beinen, ich auf vieren, das macht den Höhenunterschied aus. Na ja, nicht ganz, auch auf zwei Beinen reiche ich ihr nur bis zum Bauch, obwohl sie so klein ist.

Egal, egal, wir durchstöbern beide den Sand, ich mit meiner Nase, sie mit ihren Augen. Wir befinden uns im Schnüffelmodus.

Die Chefin hat eine Broschüre vom Nationalpark Wattenmeer über Muscheln in die Hände bekommen. Jetzt will sie sehen, ob sie die alle findet, und vor allem, ob sie die korrekt bestimmen kann. Das kann dauern. Herzmuscheln hat sie natürlich schon entdeckt, auch Sandklaffmuscheln und natürlich Amerikanische Schwertmuscheln, die liegen hier ja überall rum. Auch Miesmuscheln und Austernschalen sind kein Problem.

Der Name Miesmuschel kommt übrigens nicht daher, dass die mies drauf sind, sondern ist plattdeutsch und bedeutet Moos. Warum Moos? Weil die Miesmuscheln ein Sekret produzieren, das zu feinen Haftfäden verklebt und die wiederum sollen an Moos erinnern. Das steht in der Broschüre, und natürlich erzählt sie es mir. Wem sonst? Harald hat es sich im Strandkorb gemütlich gemacht. Okay, von mir aus, ich hör mir das an. Ich muss das ja nicht alles verstehen. Auf jeden Fall können die Miesmuscheln sich mit ihren Haftfäden irgendwie in der Brandungszone festsetzen und Bänke bilden. Das Tolle ist, dass sie sich auch wieder loslösen können, wenn es ihnen dort nicht mehr gefällt.

Das Muschelsammeln bis jetzt war also sozusagen die Pflicht, nur bücken und aufheben. Jetzt kommt die Kür. Wellhornschnecken zum Beispiel, die sucht die Chefin ja sowieso ständig, obwohl sie gar keine Muscheln sind. Wir werden also diesen ganzen Riesenstrand akribisch abgrasen. Ich finde, das ist eine sehr gute Aussicht.

Mupfeln

Was sind eigentlich Muscheln? Sie sind außen hart und innen weich wie Schnecken. Aber Mupfeln, die Chefin sagt jetzt tatsächlich Mupfeln wie in der Geschichte »Urmel aus dem Eis«, haben immer zwei Schalenhälften. Wissenschaftlich heißen sie »Bivalvia«, Zweischaler, wie schön, Bivalvia. Also fällt die Wellhornschnecke da schon mal raus. Das tut dem Ehrgeiz meiner Oberbefehlshaberin, viele von denen zu finden, natürlich keinen Abbruch.

Die beiden Schalenhälften von Muscheln sind durch ein Scharnier verbunden und werden durch Muskeln und das Ligament zusammen gehalten. Das Ligament nennt man auch Schlossband. Es funktioniert so ähnlich wie die Bänder bei Menschen und Hunden. Das, was die Menschen tonnenweise in ihren Taschen aus dem Urlaub mit nach Hause tragen, sind also halbe Schutzpanzer von toten Tieren. Die Muscheln oder Mupfeln, wie die Chefin sie idiotischerweise nennt, atmen im Meer durch Kiemen, Schnecken auch.

Es gibt 10.000 bekannte Muschelarten, aber mehr als 20.000 sind schon ausgestorben. Mupfeln können sehr alt werden, älter als die meisten Tiere. Islandmupfeln werden über 500 Jahre alt. Die haben wir hier aber nicht, und außerdem sind die Viecher, die mal in den Schalen gelebt haben, sowieso schon alle tot. Das sagte ich ja bereits.

Die Chefin hat diese Informationen soeben Harald im Strandkorb vorgetragen. Der hat gnädig sein Buch an die Seite gelegt und einen kurzen Blick gen Himmel geworfen. Aber von da kam keine Hilfe. Also hat er sein Stöhnen unterdrückt und so getan, als wenn er zuhört. Natürlich hat die Chefin die ganze Zeit von Mupfeln geredet und fand das saukomisch. Das hat zur Folge, dass dieser schwachsinnige Ausdruck angefangen hat, sich auch in meinem Gehirn zu etablieren.

Zu Haralds Erleichterung rennen wir jetzt los. Die Chefin hat sich vorgenommen, die Amerikanische Bohrmuschel, die Krause Bohrmuschel und die Weiße Bohrmuschel aufzutreiben und sauber voneinander zu unterscheiden. Wie sich herausstellt, ist das ein sehr hoher Schwierigkeitsgrad und nimmt schön viel Zeit in Anspruch, Zeit, die ich dazu nutze mit meiner Nase den Strand abzuscannen.

Muschelglück

Was es alles für Muscheln gibt, irre. Es gibt die Herzmuschel und die Stachelige Herzmuschel. Zu den Klaffern gehören die Sandklaffmuschel und die Gestutzte Klaffmuschel. Die Sandklaffmuschel wird an der Küste auch »Pisser« genannt. Warum? Weil sie »pisst«, wenn sie ihren Sipho einzieht. Der Sipho ist eine Röhre, durch die die Sandklaffmuschel Wasser einsaugen kann. Aus dem Wasser filtert sie Nahrungspartikel raus. Danach stößt sie das Wasser wieder aus. Aber die Sandklaffmuschel pisst nicht nur. Sie kann Menschen und auch Hunden sehr unangenehm die Füße verletzen, weil sie so scharfe Ränder hat. Ich werde also dafür sorgen müssen, dass die Chefin und ich da nicht drauftreten.

Die Bohrmuscheln sind auch verschieden, die eine ist amerikanisch, die andere kraus, die dritte weiß. Dann liegt hier noch eine Muschel rum, die Strahlenkörbchen heißt. Strahlenkörbchen, wie nett. Und es gibt Baltische Plattmuscheln, Gebänderte Dreiecksmuscheln, Getupfte Teppichmuscheln. Nicht zu vergessen die Große Pfeffermuschel und die Trogmuscheln, die eine ist dickschalig, die andere gedrungen. Und auch bei den Tellermuscheln gibt es Unterschiede, sie sind gerippt oder platt.

Das sind ja herrliche Aussichten! Es wird ewig dauern, bis die Chefin die alle gefunden und bestimmt hat. Wir werden in dieser Woche stundenlang den Kniep rauf- und runterrennen. Harald wird in aller Ruhe seinen dicken Wälzer im Strandkorb zu Ende lesen können. Ich werde Hunde treffen, mit denen ich rumtoben und buddeln kann. Die Chefin wird Menschen treffen, die sie mit ihrem neu erworbenen Muschelwissen voll labern kann. Und die werden auch bestimmt noch alle höflich zuhören, weil sie durch ihren Inselaufenthalt schon so weit runtergekommen sind, dass sie jegliches Zeitgefühl verloren haben.

Viel besser geht es doch eigentlich gar nicht, ein Inselaufenthalt ganz nach meinem Geschmack.

Dwarslöper

Sie sind mir suspekt. Am besten gefallen sie mir tot. Dann eignen sich Teile von ihnen sogar, um sich darin zu wälzen. Seitwärts laufende, gepanzerte Tiere, die drohend ihre kurzen gespreizten Scheren nach mir ausstrecken, sollen sich von mir fernhalten.

Aber nein, wenn der Chefin so ein Tier lebendig am Flutsaum begegnet, dann packt sie es schnell von hinten und hält es mir vor die Nase. Eine Zumutung ist das, für mich und für die Strandkrabbe, so heißen die Biester.

Gott sei Dank bringt sie die nach kurzer Zeit wieder zurück ins flache Wasser und beobachtet, wie sie sich blitzschnell rückwärts im Sand einbuddelt. Gemessen daran, was der Strandkrabbe am Meeresufer alles passieren kann, ist der Kurzaufenthalt in der Hand der Chefin harmlos. Denn für Austernfischer und Möwen ist die Strandkrabbe ein Festessen.

Manchmal sitzen diese Strandkrabben auch während der Ebbe in Wattprielen und diesen herrlichen warmen Pfützen vorne am

Strand. Sie warten darauf, dass die nächste Flut kommt. Vorzugsweise verstecken sie sich unter Tangbüscheln. Zwischen Tangbüscheln stöbere ich auch sehr gerne herum. Deshalb wünsche ich nicht, dass die Strandkrabben dort verweilen. Sie tun es aber doch und drohen meiner zarten Nase mit ihren ausgestreckten Scheren.

Die Dwarslöper (das ist Plattdeutsch und heißt Querläufer) sollten mir eigentlich leidtun. Sie werden nicht durch Rudelführer beschützt wie ich. Im Gegenteil. Am Wittdüner Fähranleger knacken die Möwen ihre Panzer, indem sie sie aus der Luft auf den Anleger knallen lassen. Schön ist das nicht.

Aber was soll's. Vielleicht wird die eine oder andere in ihrem nächsten Leben ein wohlbehüteter Pudel, der auf Amrum Urlaub macht. Bei guter Führung könnte das klappen.

Gemein!

Es gibt eine Krebsart, die ist noch viel gemeiner als die Strandkrabbe. Es sind hinterhältige Rohlinge. Du stehst harmlos und voller Wonne in einer schönen Strandpfütze herum, nichts Böses ahnend, dann zwicken sie dich plötzlich.

Heute Morgen ist mir das passiert. Vor Schreck habe ich winselnd das Weite gesucht und mich hinter den Beinen der Chefin versteckt. Sehr peinlich. Die Chefin dachte, ich hätte mir an einer Klaffmuschel die Pfote aufgeschnitten und hat meine Pfoten alle untersucht. Sehr aufmerksam von ihr. Es ist wirklich rührend, wie sie sich um mich kümmert. Dafür kann man ja auch mal ein paar anerkennende Worte finden.

Die Biester in den Strandpfützen und im flachen Uferbereich sind winzig, nur zentimetergroß. Es sind Flohkrebse. Die Sache mit den Flohkrebsen hat meine Chefin später aufgeklärt, in einem Gespräch mit einer anderen Leinenhalterin. Menschliche Rudelführer und Rudelführerinnen kommen ja unentwegt ins Gespräch. Das kann durchaus von Vorteil sein. In diesem Fall war es das. Diese

Dame war mit einer wasserverrückten gut gelaunten Labradorhündin unterwegs. Mit der bin ich eine halbe Stunde durch Flachwasser und Pfützen gesaust, ungeachtet sämtlicher Flohkrebse. Sie hatte auch schon Bekanntschaft mit diesen fiesen Tieren gemacht. Ihrer Meinung nach hält man sich die am besten vom Leib, indem man gar nicht erst groß rumsteht. Das haben wir beherzigt.

Unser Begleitpersonal hat derweil Flohkrebse an einem Stück Holz aus dem Flutsaum betrachtet. Als sie das Holz umgedreht haben wurden die Biester lebendig. Sie sehen aus wie Garnelen und hatten es sehr eilig ins rettende Wasser zu kommen. Dazu strecken sie ihren untergeschlagenen Hinterleib gerade und schnellen in großen Sprüngen vorwärts.

Ein sehr bewegender Strandspaziergang also, in jeder Beziehung, körperlich und emotional.

Dü min tüs min öömrang lun

Die Chefin versteht »nur Bahnhof umsteigen«, um es mit ihren eigenartigen Worten auszudrücken. Wir lungern mit Harald am Wirtschaftsweg Richtung Norddorf rum, völlig sinnlos. Gerade waren wir so schön in Schwung, die beiden auf dem Rad, ich nebenher. Jetzt will meine Rudelführerin wieder mal was rauskriegen.

Sie will rauskriegen, was die hier in den Stein gemeißelte Strophe des Amrum-Lieds bedeutet. Das wird sie wohl nicht schaffen. Und Harald kann ihr da auch nicht weiterhelfen. Das ist Friesisch, eine komplett eigene Sprache. Sie stochern noch ein bisschen im Nebel rum, können sich dann aber Gott sei Dank losreißen, bevor irgendwelche anderen Touristen aufkreuzen, um mit ihnen gemeinsam ins Blaue hinein zu raten.

In Norddorf ist neben dem Kino ein Strandkorb frei. Harald besorgt Popcorn und Kaffee, die Chefin flitzt zur Amrum Touristik und holt sich den aktuellen »Kleinen Amrumer«. Ich mache mich neben dem Strandkorb lang, und schließe die Augen für einen kurzen Erfrischungsschlaf. Alles prima also. Bis ein Aufschrei den nachmittäglichen Frieden zerreißt. »Guck mal, Harald«, schallt die Stimme der Chefin aus dem Strandkorb, »hier stehen alle vier Strophen vom Amrum-Lied mit deutscher Übersetzung.« Meine Güte, und deshalb macht die Frau so ein Theater!

Und dann geht's los:»›Tüs‹ heißt zuhause und ›lun‹ heißt Land und ›rikdum‹ heißt Reichtum. Das war eben die zweite Strophe von dem Lied, da am Wirtschaftsweg. In der geht es darum, dass man auf Amrum nicht reich werden kann, weil das Land so karg ist, dass hier aber die Leute wohnen, die einen am nächsten stehen.« »Mit Tourismus kann man hier schon Geld verdienen«, entgegnet Harald trocken. »Das Lied ist von 1885«, erwidert die Chefin, »da hatten die es hier noch nicht so mit dem Tourismus.« Sie klärt uns außerdem darüber auf, dass ein Föhrer Lehrer das Lied geschrieben hat. Sie hat den »Kleinen Amrumer« in der Hand und damit das Master-Wissen. »Es ist so eine Art Amrumer Nationalhymne, steht hier. Die vier Strophen sind seit der Jahrtausendwende in Stein gemeißelt auf der Insel verteilt. Die erste Strophe am Beginn des Weges zur Wittdüner Aussichtsdüne, die dritte in der Mitte von Steenodde und die vierte am Öömrang Hüs.«

Na, dann weiß ich ja, wo wir auf jeden Fall noch herumstreifen werden in den nächsten Tagen. Schätzungsweise können wir am Ende dieses Urlaubs auch alle das Amrum-Lied auswendig singen, auf friesisch, auf hochdeutsch und gejault.

Vollmond

Ganz schön hell, dafür dass wir schon tiefe Nacht haben. Der Mond ist voll und beleuchtet die riesige glitzernde Fläche des Meeres. Die Austernfischer kreischen herum wie immer.

Wir laufen über den Feld- und Schotterweg Richtung Nebel. Eine Taschenlampe brauchen meine Rudelführer heute Nacht nicht. Es riecht alles noch intensiver als sonst, weil die nächtliche Feuchtigkeit sich auf die Insel gelegt hat. Das ist sogar für die wenig leistungsstarken Nasen meiner beiden menschlichen Freunde wahrnehmbar. Sie atmen tief ein. Ich atme im Turborhythmus durch die Nase ein und aus, eben im Schnuppermodus. So viele Gerüche, da machen sich meine Leute gar keinen Begriff von. Nasentechnisch gesehen kriegen die Menschen nicht viel mit, nur einen Bruchteil von dem, was bei mir gerade abgeht. Und sie sind trotzdem ganz überwältigt von den verschiedenen Inselaromen.

Aber augentechnisch sind sie ziemlich flott unterwegs. Und was sehen sie? Natürlich den Vollmond, das glitzernde Meer, die schemenhaften Büsche und Bäume, andeutungsweise die Ponys und Rinder, die weiter entfernt auf der Weide stehen. Sie sehen auch die rudernden Lichtarme ihres heißgeliebten Hauptleuchtspargels und die Lichter von Wittdün und das ganze Blinki-blinki auf dem Meer und auf Langeneß. Natürlich haben sie auch registriert, dass in unserem beschaulichen Steenodde kaum noch Fenster erleuchtet sind. Das Dorf schläft. Schließlich tapern wir alle zusammen noch mal runter auf die Mole und bleiben am Ende stehen. Das war klar, sinnlos aufs Wasser zu glotzen, das gehört bei meinem Begleitpersonal einfach dazu.

Aber heute Nacht ist es gar nicht so sinnlos. »Guck mal Harald, wie hoch das Wasser steht«, die Chefin zeigt vor sich an der Molenwand runter. »Das ist aber besonders hoch heute, dabei haben wir gar keinen Wind.«

Ich kann förmlich riechen, wie das bis gerade eben noch gemütlich vor sich hindämmernde, sich auf die kommende Schlafphase vorbereitende Hirn der Chefin auf Turbo umschaltet.

»Ich hab's!« Die Chefin zeigt auf den Mond oben und den hohen Wasserstand unten. »Wir haben Vollmond, Springtide!«

Wow, wieder ist ein Groschen zur Gezeitenfrage in ihrem Denkapparat gefallen.

Alles lila oder doch nicht?

Was ist lila und riecht würzig? Die Amrumer Heide, zumindest im August. Die Chefin hat gedacht, dass das ganz selbstverständlich ist. Im Sommer 2018 soll sie aber gar nicht geblüht haben. Die braunen Flächen wurden nicht lila, sondern blieben braun. Das soll an der Hitze gelegen haben.

Mir ist die Farbe der Heide herzlich egal, ich sehe Farben ja anders als meine Rudelführer. Bei Hunden sind die Nasen ausschlaggebend. Aber der Geruch von blühender Heide ist der Hammer. Ich rieche den schließlich noch viel intensiver als die beiden. Außerdem kommt es mir zugute, wenn die Chefin wegen der intensiven Farbe und dem Geruch der blühenden Heide ausflippt. Dann bleiben wir länger draußen.

Was meine Oberbefehlshaber bis jetzt nicht gewusst haben, und deshalb auch ich nicht als ihr tierisches Anhängsel, ist, dass auch der Wald der Heide zu schaffen macht. Überhaupt Bäume, die sich in der Heide ausbreiten und sie verdrängen, wie die Birke oder Fichten und Büsche wie die Kartoffelrose und die Traubenkirsche. Das stand wieder mal alles im »Kleinen Amrumer«. »Ach«, wundert sich die Chefin, »und ich fand das immer so schön, Heide mit ein paar Bäumen und Sträuchern drin.« Tja, es ist eben nicht immer alles gut, was schön aussieht. Das Beziehungsproblem zwischen einer Heidelandschaft und Bäumen und Sträuchern besteht darin, dass das in Nullkommanix eine Baum- und Strauchlandschaft mit ein bisschen Heide drin wird. Also müssen die Bäume und Sträucher aus der Heide raus. So brutal kann man Beziehungskonflikte auch lösen.

Außerdem muss die Heide sowieso gepflegt werden. Wer hätte das gedacht. Die Heide ist gar nicht einfach nur da und wächst gemütlich vor sich hin. Sie kann überaltern. Früher, als die Heide noch als Brennmaterial interessant war, stachen die Amrumer Stücke des Oberbodens ab. Es gab dadurch Heideflächen, die ganz unterschiedlich alt waren. Heute mäht der Reetdachdecker noch einen Hektar

Heide pro Jahr für die Dachfirste. Da, wo er das macht, wachsen junge Heidetriebe und es wimmelt im Sommer vor Insekten.

Am besten für die Heide sind aber Ziegen und Schafe. Tiere sind sowieso das Größte, das war schon immer meine Rede. Die Ziegen und Schafe knabbern die Heide ab, dann wird sie nicht zu alt. Wenn Ziegen und Schafe auf der Heide unterwegs sind, wird das Beziehungsproblem mit den Bäumen und Sträuchern gleich mit erledigt. Die haben dann kaum noch Chancen sich auszubreiten. Aber auch da gibt es wieder einen Haken. Ziegen und Schafe können nicht nur Heide verspeisen. Die brauchen zusätzliches grünes Weideland.

Gott, ist das kompliziert. Ich glaube, wir traben jetzt einfach mal weiter, zum Beispiel in die Dünen. Die machen im Großen und Ganzen sowieso, was sie wollen.

Außen rum

Heute gehen wir außen rum. Dazu müssen wir bis fast zum nördlichen Ende der Insel mit dem Rad fahren. Da tummeln sich allerhand Menschen, und alle marschieren in die gleiche Richtung wie wir, Richtung Watt. So hatten sich meine Rudelführer das nicht vorgestellt.

Links um die Ecke läuft dann aber nur ein einsamer Wanderer 100 Meter vor uns auf dem Streifen Watt an der schmalen Norddorfer Landzunge, der Odde, entlang. Dafür hängen hier Heringsmöwen in Massen rum. Ein Grund für mich, bei Fuß zu gehen. Heringsmöwen sind groß und mit einem wuchtigen Schnabel ausgestattet.

Eine Gruppe Standup-Paddler kommt übers Wasser. Sind die etwa von Föhr hier rübergefahren? Es sieht fast so aus. Wir haben Flut. Hier auf der Wattseite weht es nicht stark, die Sonne scheint kuschlig warm, in etwa zwei Stunden ist Hochwasser. Der Wattboden unter uns ist mal sandig, mal ein bisschen matschig. Meine Rudelführer umrunden die matschigen Stellen. Ich liebe es darin herumzupatschen. Es riecht intensiv nach dem Meer, das plätschernd aufläuft. Wir können zusehen, wie es höher steigt, wie es sich hochrobbt. Haufen mit schwarzem Seespinat liegen im Watt rum. Mit meiner Nase stöbere ich Muscheln und Schnecken darin auf. In der Ferne sehen wir das Ufer von Föhr in der Sonne liegen. Menschen sind hier nicht zu hören, nur die Standup-Paddler eben. Lautstark dominieren die vielen Seevögel, die von Zäunen geschützt, in Massen auf der Odde brüten.

Als wir an das Ende der Odde kommen, wandelt sich das Bild. Hier lagern Leute auf dem kiesigen Strand, genauer gesagt auf der Fläche, die Menschen betreten dürfen. Die Spitze der Odde ist wie das Dünengelände ausschließlich den Vögeln vorbehalten. Die Chefin schleppt mich kurz mit auf den Ausguck vom Verein Jordsand über das Vogelschutzgebiet am äußersten Ende der Odde. Schwer was los da vorne. Es wimmelt von Seevögeln. Weiter entfernt sieht man Sylt, Hörnum mit seinem rotweißen Leuchtspargel. Aber wir wollen weiter, ans offene Meer.

Offenes Meer

Kaum um die Ecke, weht es plötzlich. Wir sind am »richtigen« Meer. Hier vorne schwimmen blaue Quallen im Wasser, ziemlich viele. Meine menschlichen Begleiter wissen nicht, ob es Nesselquallen sind. Die können einem ziemlich wehtun. Sie haben millimeterdünne, meterlang ausgestreckte Nesselfäden. Bei Berührung explodieren Tausende von Giftkapseln, die durch die Haut eindringen. Bei empfindlichen Menschen und auch Hunden kann das Allergien und Kreislaufstörungen verursachen. Die Chefin ist schon mal von so einem Nesselfaden erwischt worden. Ihre Haut brannte. Sie hatte das Glück, eine Dusche mit Süßwasser in der Nähe zu haben. Das half, zusammen mit Papiertaschentüchern. Die saugen das Quallengift auf.

Ich habe noch keine Bekanntschaft mit diesen Biestern gemacht, lege auch keinerlei Wert darauf. Angeblich soll das Gift sogar noch wirken, wenn die Qualle tot und ausgetrocknet ist. Aber selbst davon ist meine Nase bis jetzt verschont geblieben.

Mein Begleitpersonal sucht eine quallenfreie Stelle, wo wir schwimmen gehen können. Dabei entdecken sie vorne im Wasser einen angeschwemmten Blumenkranz. »Sicher von einer Seebestattung. Das kann noch nicht lange her sein«, murmelt die Chefin. Das vermutet auch Harald. »Die Blumen sind noch ganz frisch.« Wir bleiben einen Moment still stehen. »Was das wohl für ein Mensch war? Männlich oder weiblich, alt oder jung?«, überlegt die Chefin.

Dann gehen wir weiter und finden einen langen Uferabschnitt ohne Quallen. Ein junges Paar tobt ausgelassen im Wasser herum. Auch wir stürzen uns in die Fluten. Herrlich, die leichte Brandung, eine schöne Abkühlung. Danach am Strand ein Leckerli für mich und Butterbrot für meine menschlichen Freunde. Dazu die unvermeidliche Möwe. Diesmal ist es ein graubraun gesprenkeltes Silbermöwenkind, das uns mit schiefgestelltem Kopf zusieht. Natürlich unterhält sich die Chefin mit der Möwe: »Wenn du was abhaben willst, dann musst du einen Schritt näherkommen«, säuselt sie. Auf gar keinen Fall! Auch Silbermöwenkinder haben schon einen beeindruckenden Schnabel. Es sieht auch nicht so aus, als würde sich die junge Silbermöwe näher rantrauen. Aber vorsichtshalber gehe ich hinter meinem Begleitpersonal in Deckung.

Der Silbermöwenteenager fliegt weg. Wir rappeln uns auf, suchen den Dünenübergang zum Fahrradständer, schnappen uns die Räder. Auf dem Rückweg schlafe ich im Fahrradanhänger ein. Im Traum vertreibe ich mutig sämtliche Heringsmöwen und Silbermöwenkinder, die uns über den Weg laufen.

Rolling home

»Langeneß sieht aus wie eine Kette von Luftspiegelungen«, findet die Chefin. Luftspiegelungen hin oder her, diese Heimfahrt von der Insel, darum geht's nämlich heute, ist für mich eine Tortur. Es ist heiß, kein Luftzug, und es ist dunstig, so dass meine Oberbefehlshaberin vielleicht sogar Recht hat. Kann sein, dass die Warften von Langeneß aussehen, als würden sie in der Luft schweben. Rundum ist außerdem alles voll Sand. Mehrere Passagiere hechten rüber auf die andere Seite vom Schiff, weil auf einer Sandbank ganz viele Robben rumliegen. Wir haben ein kleines Plätzchen im Schatten ergattert. Aber der Decksboden ist nicht angenehm warm wie sonst, sondern heiß. »Carlo, warum bist du denn so hibbelig heute«, fragt die Chefin, »wir sind doch schon oft mit der Fähre gefahren.« Ich bin nicht hibbelig, ich tänzele herum, weil ich mir die Pfoten verbrenne! Schließlich habe ich keine Schuhe an.

Aber jetzt zieht die Chefin ihre Sandalen aus. Sie will es sich gemütlich machen. »Aua, das Deck ist ja total heiß!«, erschrickt sie. »Komm, schnell weg hier mit dem Hund!« Na Gott sei Dank. Auf dem Weg nach unten kann ich sogar noch einen Drink aus einem großen Hundenapf nehmen. Unter Deck lege ich mich entspannt neben die Sitze. Der Motor der Fähre brummt. Das Schiff vibriert leicht.

Im Halbschlaf kommen Bilder hoch. Der große Kniepsand und das Meer mit Wind und Wellen, der schattige Wald, der Tau auf den Wiesen beim täglichen Morgenspaziergang. Wie meine beiden menschlichen Freunde andächtig in den Sternenhimmel und auf die Scheinwerferarme des Leuchtspargels blicken auf unserem alltäglichen letzten nächtlichen Gang. Die Gerüche nachts, die durch die Feuchtigkeit, die sich auf die Insel legt, noch intensiver werden.

Und wie wir über die ganze Insel gestromert sind. Lauter angenehme Menschen und Hunde haben wir dabei kennengelernt. Das tägliche Baden im Meer, am Anfang schön kühl, am Ende schon fast zu warm.

Wie wir alle Stück für Stück immer weiter runtergekommen sind. Sogar mein Jagdtrieb hat wieder einen erstaunlich niedrigen Level erreicht. Und auch der Jagdtrieb meiner beiden Vorgesetzten nach Beute in Form von Klamotten oder irgendwelchem Firlefanz ist nur hin und wieder aus seiner entspannten schläfrigen Position aufgeschreckt. Lästige Shopping-Gänge haben sich dadurch erfreulicherweise in Grenzen gehalten.

Herrlich, herrlich! Wir können das gerne immer wieder machen. Von Amrum kann ich gar nicht genug bekommen.

Herbst

Aufziehmaus

Holla die Waldfee, was für ein Tag. Holla die Waldfee, das ist auch so ein idiotischer Ausdruck, den ich von der Chefin übernommen habe. Heute sind wir wie aufgezogene Spielzeugmäuse über die Insel gegeigt. Es war der erste Tag unseres Oktoberurlaubs auf Amrum. Die Sonne schien und wir waren stundenlang draußen.

Am etwas eigenartig aussehenden Steenodder Wald sind wir mit dem Rad entlanggesaust, ich natürlich nicht auf dem Rad, sondern daneben. Der Wald sieht aus, als wenn ein Riesendinosaurier große Stücke herausgebissen hätte. Oben gucken die paar nach dem Orkantief Christian 2013 übrig gebliebenen Bäume raus, unten wachsen dicht und grün die anschließend frisch gepflanzten.

Bei der Blauen Maus hat meine Oberbefehlshaberin am neben dem Fahrradweg aufgestellten Surfboard geguckt, wie die derzeitigen Öffnungszeiten sind. Daraus schließe ich messerscharf, dass sie sich dort zusammen mit Marianne vergnügen will. Ein überaus angenehmer Abend bei Trude mit langem Hundespaziergang steht also auf jedem Fall auf meinem Programm. Und beim Amrum Badeland hat sie die Saunazeiten gecheckt. Aha, da will sie also auch hin. Mal sehen, wo ich solange bleibe. Ich hoffe nicht allein zuhause.

Dann ging es zu Fuß weiter über den Bohlenweg Richtung Wriakhörn See. Von da auf die hohe Düne am Kniepsand, wo wir immer einen Moment andächtig stehen bleiben. Die Chefin staunt die gigantische Weite an, ich die gigantischen Gerüche. Von dort in weitem Bogen Richtung Wittdün, kurzer Regenschauer inklusive. Und natürlich auch kurzer Ausflug in ein Café inklusive.

Zurück Richtung Steenodder Wald mit dem Rad, wieder eine kurze Regenhusche und als Bonbon ein riesiger Regenbogen.

»Ich kann nicht mehr«, hat die Chefin gestöhnt, als wir wieder zuhause waren. Aber das ist nichts Neues. Am ersten Amrum-Urlaubsabend ist sie immer platt wie eine Flunder, weil sie vom

Rumrennen einfach nicht genug kriegen kann. Ich bin am ersten Amrum-Urlaubsabend immer sehr angenehm ausgepowert. Und morgen geht's hoffentlich weiter.

Falsche Richtung

Was ist das? Eben waren wir noch mit dem Rad unterwegs Richtung Süddorfer Strand, ich bin nebenher gerannt. Alles lief nach Plan! Jetzt stellt die Chefin ihren Drahtesel an der Bushaltestelle in Süddorf ab, und dann nötigt sie mich auch noch, in den Bus einzusteigen. In den Bus! Was soll ich in einem Bus? Erst in Norddorf steigen wir wieder aus. Wir marschieren Richtung Fußgängerzone. Aha, wir wandern zum Norddorfer Strand, in Ordnung!

Die Richtung stimmt, aber Pustekuchen, beim Naturzentrum Maritur stoppt sie ab. Wir gehen da tatsächlich rein. Kapituliert meine Oberbefehlshaberin etwa vor dem vielen Regen heute? Will sie jetzt ernsthaft mit mir in die Ausstellung? Ja!

Zu allem Überfluss beginnt eine junge Frau gerade jetzt eine Führung. Als die und ihre Kollegin anfangen, die Fische und den Hummer mit Krabbenfleisch zu füttern, guckt die Chefin begeistert zu. Was ist das denn für ein Scheiß? Das ist ja alles zum Gähnen langweilig hier.

Und dann sagt eine der beiden Damen: »Wenn Sie wollen, können Sie sich auch das Walskelett ansehen.«

Also schieben wir da rüber und erfahren, dass dieser Pottwal, ein Jungbulle von knapp acht Jahren, im Januar 2016 vor Helgoland gestrandet ist. Er soll ein langes Fischernetz und einen Teil einer Autokarosserie in seinem Magen gehabt haben, neben Kleinplastik und den Resten von unzähligen Tintenfischen. Das hört sich sehr grausam an.

Wir haben auch erfahren, dass es verschiedene Theorien darüber gibt, warum 2016 im gleichen Zeitraum an mehreren

Stellen in der Nordsee Pottwale gestrandet sind. Sie können einem großen Tintenfischschwarm gefolgt und deshalb in die Nordsee abgebogen sein, oder ihr Sensor ist durch starke Sonnenstürme beeinträchtigt gewesen. Vielleicht sind sie auch durch den großen Lärm wegen der vielen Schiffe orientierungslos geworden. In die Nordsee gehören diese Riesentiere jedenfalls ganz eindeutig nicht. Okay, das wissen wir jetzt. Dann können wir ja wieder gehen.

Pottwal-Aufbau

Aber nein, so schnell läuft das alles nicht. Die junge Frau erzählt, dass es ganz schön problematisch war, das Walskelett in das ehemalige Norddorfer Hallenbad zu verfrachten. Ein Hallenbad, in dem die Chefin früher ihre Runden gedreht hat, mit Kindern und weiterem Anhang, eine überaus vergnügliche Beschäftigung. Jedenfalls ist das Becken jetzt die Wohnstatt des jungen gestrandeten Pottwals, beziehungsweise seines Skeletts. Die Chefin sagt, das sei hier alles nicht wiederzuerkennen.

Um dieses Skelett überhaupt aufstellen zu können, musste es zunächst von Fleisch und Fett befreit werden, eine stinkige Angelegenheit, die mir vermutlich sehr gefallen hätte. Die Präparatoren, zu denen der Pottwal schließlich gelangte, mussten das Skelett noch auskochen, um es von allen Resten zu säubern. In Ermangelung eines Kochtopfes der passenden Größe benutzten sie dafür einen Container.

Als das Skelett im Oktober 2016 endlich nach Norddorf gebracht wurde, konnte der LKW nicht bis zum ehemaligen Schwimmbad fahren. Die letzten 200 Meter mussten die Knochen einzeln getragen werden. Viele der Zuschauer packten mit an.

Der Walschädel war groß und schwer, 750 Kilo, drei Meter lang und eineinhalb Meter hoch und breit. Den hievte Christian Peters von der Amrumer Reetdachdeckerei mit einem Teleskoplader vor das Gebäude. Da wollte der aber zunächst nicht rein. Mit viel Hin- und Her, es ging um Millimeter, passte es dann aber doch.

Junge, das war wohl alles ziemlich aufregend. Das sieht man diesem Skelett gar nicht an. Aber jetzt ist es genug, finde ich. Jetzt könnten wir mal wieder rausgehen. Machen wir auch, aber in die völlig falsche Richtung. Zum Strand geht' s links runter. Die Chefin biegt rechts ab, zurück in den Ortskern. Hilfe!

Frust und Lust

Wir latschen zurück durch die Fußgängerzone, ich in großem Abstand an der Leine hinter der Chefin. Ich lasse mich quasi von ihr hinter sich herschleifen. Da kann sie noch so viel mit der Zunge schnalzen und »Komm Carlo« säuseln. Irgendwie muss ihr doch langsam mal klar werden, dass dieses Programm heute meinen Interessen komplett entgegenläuft. Aber es kommt noch schlimmer: Wild entschlossen steuert sie auf das Café Schult zu.

Da hängen wir dann rum. Die Chefin schlürft Latte Macchiato, mampft Kuchen und schreibt Postkarten. Ich liege auf dem Fußboden rum und frage mich düster, was heute noch alles kommt. Gott sei Dank sind Kinos für Hunde tabu. Sonst würde sie da wahrscheinlich auch noch mit mir reinwackeln.

Aber jetzt zeigt sich für einen Moment die Sonne draußen. Mein Oberboss wird kribbelig und zahlt so schnell wie möglich. Draußen sagt sie zu mir: »Komm Carlo, wir schmeißen schnell die Postkarten in den Briefkasten, und dann wandern wir am Watt entlang nach Nebel, und wenn es dann immer noch nicht regnet, von da aus weiter zur Bushaltestelle nach Süddorf.«

Nicht schlecht, nicht schlecht. Aus diesem eigenartigen Tag wird noch ein überaus beglückender Nachmittag für uns beide. Die Luft riecht frisch und würzig nach Meer und Wiese und Kräutern. Ich lese und schreibe eine Pi-Mail nach der anderen. Meine Chefin staunt den wild bewegten Himmel an, ein Farbspektakel von grauen, weißen, hellgrauen, dunkelblauen, rosa und hellvioletten Schattierungen. Dann kommt sogar die Sonne noch mal richtig raus und strahlt das Weiße im Gefieder der Eiderentenmännchen auf dem dunklen Wasser an. Sie leuchten förmlich. Sogar einen Hasen entdecken wir. Als er uns wahrnimmt, klappt er seine langen Ohren und seinen Körper am Boden zusammen, so dass man ihn von Erde und Gras nicht mehr unterscheiden kann.

In Nebel angekommen, ist es immer noch trocken. Auf dem Weg an der Ömrang Skuul vorbei nach Süddorf zeigt die Chefin erste Ermüdungserscheinungen. Ich weiß jetzt schon, was sie sagen wird, wenn wir nachher in unserem Urlaubsquartier ankommen: »Puh, ich hab' runde Füße.«

Von der Bushaltestelle aus nehmen wir mit dem Rad die Straße, einen Feldweg und schließlich den Weg am Watt nach Steenodde. Ich laufe locker neben ihr her. Dieser kleine Sprint hier ist genau das, was mir heute noch gefehlt hat.

Zuhause lässt sich die Chefin auf das Sofa fallen und stöhnt: »Puh, Schnuffer, das war schön, aber jetzt hab' ich echt runde Füße.«

Namen und Knoten

»Die Adler« als Schiffsname, das hört sich komisch an. Eigentlich müsste es doch der Adler heißen. »In Nordeuropa und Nordamerika sind Schiffsnamen meistens weiblich.« Das hat meine Chefin irgendwo gelesen. Warum das so ist weiß sie auch nicht.

Na ja, sei's drum. Dann ist das eben so. Im Gegensatz zur Chefin bin ich nicht von dem Ehrgeiz zerfressen, alles wissen und verstehen zu wollen. Schiffe sind weiblich. Basta.

Und dann ist da noch die Sache mit den Knoten. Warum drücken die Menschen die Geschwindigkeit von Schiffen in Knoten aus? Das ist doch idiotisch. Knoten gibt es in tausenderlei Formen, große bis winzige. Was soll das denn für ein Maß sein? Das frage ich mich. Die Chefin hat sich das erstaunlicherweise noch nie gefragt.

Jetzt ist sie ganz nebenbei auf die Knotengeschichte gestoßen. Wie wir wissen, tut sie sich äußerst schwer damit, die Entstehung von Ebbe und Flut zu verstehen. Ich vermute, dass sie das nie kapieren wird. Aber sie hat eine bemerkenswerte Zähigkeit an den Tag gelegt. Sie hat Bücher zu dem Thema gewälzt und Filmchen geguckt, für Kinder und Erwachsene.

In einem von denen wurde nebenbei die Sache mit den Knoten erklärt: Als die Menschen früher die Geschwindigkeit von Schiffen messen wollten, haben sie sich einen ganz einfachen Trick einfallen lassen. Sie ließen eine Leine abrollen, die in festen Abständen geknotet war. Die Anzahl der Knoten ergab, wieviel Seemeilen pro Stunde das Schiff zurückgelegt hatte. Tja, so einfach ist das, und so praktisch, bestens geeignet also für den Langzeitspeicher von ihrem und meinem Denkapparat.

Nebelgewaber

Der Abend legt sich über die Insel. Aber wir legen uns noch lange nicht hin. Wir wandern jetzt erst los, am Watt entlang von Norddorf Richtung Steenodde. Herrlich war's am Hundestrand heute, kurzes Baden in der kalten Nordsee inklusive. Lauter komplett heruntergekommene Kollegen und ihre relaxten menschlichen Begleiter, ein warmer entspannter Herbsttag.

Hier am Watt ist gar nichts los. Kein Mensch weit und breit. »Komisch, dass die Leute alle so früh in den Häusern verschwinden«, wundert sich die Chefin zum wiederholten Mal. »Die Abende haben auf Amrum einen ganz besonderen Zauber, aber vielleicht sind die alle total müde von der Seeluft.«

Das Meer ist weit weg, fast Niedrigwasser. Das Watt ist voller Vögel, die sich den Bauch vollschlagen. Still ist es nicht, die machen einen ziemlichen Lärm, vor allem die Austernfischer, die halten ja nie die Klappe. Aber sie sind auf jeden Fall leiser als im Frühjahr und Sommer. Vor Nebel setzt sich die Chefin auf die Bank unterhalb des großen Holzkreuzes am Wegesrand. Es riecht ganz feucht und intensiv nach Meer und Gras und Schlick.

Allmählich wird die Nebeldecke immer dicker. Die Chefin guckt andächtig über das Meer nach Föhr, obwohl es da kaum noch was zu sehen gibt. Schließlich setzen wir uns wieder in Bewegung. Überall Nebel auf den Wiesen. Sie sehen jetzt aus, als stünden sie unter Wasser und Pferde und Rinder grasten in einem See.

Kurz vor Steenodde kommt uns doch noch ein Mensch entgegen, ein junger Mann mit seinem Hund, einem Beagle. Unsere beiden Rudelführer tauschen ihre Begeisterung über die Amrumer Natur aus, über den Nebel, wie er alles anders aussehen lässt.

Der Beagle und ich tauschen begeistert unsere Duftstoffe aus. Jeweils drei Pi-Mails aus unterschiedlichen Positionen an einen Busch müssen es schon sein. Zusätzlich beschnuppern wir uns von allen Seiten. Dann laufen wir in unterschiedliche Richtungen weiter.

»Das ist das Tolle an euch Hunden«, die Chefin tätschelt mir den Kopf. »Ihr zwingt uns nach draußen, und dann erleben wir die schönsten Momente, von denen andere gar nichts mitkriegen.« Ich sag's ja, Hunde eben.

Flach und einäugig

Sie tut es schon wieder. Knapp vor unserem Ziel Norddorfer Hundestrand stoppt meine Oberbefehlshaberin jäh ab und schwenkt links zum Eingang vom Maritur-Naturschutzzentrum. »Dauert nicht lange, Carlo«, behauptet sie, »ich will nur mal eben was genauer wissen.«

Meine Vorfreude auf Sand, Meer und Wasserpfützen sinkt in sich zusammen und beginnt sich in eine feste Kugel von massivem Ärger zu verwandeln. Die Chefin zieht mich an der Leine an den Fühlkästen mit Amrumer und Sylter Sand und dem Aquarium mit Fischen und Krebsen vorbei. Vor einer mit Glas abgedeckten Vertiefung im Boden bleibt sie stehen. Unter dem Glas liegt eine große, graue, gesprenkelte Scholle, daneben ein Teller und Besteck.

»Guck mal Carlo, wie riesig die ist«, meint meine Rudelführerin mein Interesse wecken zu müssen. Die Scholle ist etwa dreimal so groß wie der Teller, also sehr groß im Vergleich zu denen, die die Chefin manchmal verzehrt. Auf einem Schild steht, dass die Fischer früher oft so große Schollen gefangen haben, knapp einen Meter lang, bis zu sieben Kilo schwer und bis zu 50 Jahre alt. »Ja«, denke ich böse, »dann musst du nicht so viele von denen essen, dann haben ein paar mehr die Chance auch so alt zu werden.« Ich gucke noch nicht mal hoch zu ihr. Mir geht das alles auf die Nerven hier. Ich will raus, buddeln und dem Ball hinterherjagen.

»Okay, lass uns wieder gehen«, sagt sie zu meiner Erleichterung. »Ich glaube, Scholle schmeckt mir jetzt nicht mehr so richtig. Die Schollenmänner werden erst mit drei bis vier Jahren geschlechtsreif, die Schollenfrauen sogar erst mit sechs bis neun Jahren. Wir essen die, bevor sie gelaicht haben. Wir essen massenweise Schollenkinder und Schollenteenager. Das ist doch gemein. Und dann werden die auch noch mit Schleppnetzen gefangen, die den Meeresboden mit Pflanzen und Tieren wie eine Egge durchwühlen und alles kaputt machen. Dabei sind das solche tollen Fische. Deren Auge wandert während des Wachstums von links nach rechts. Sie liegen mit der linken, hellen Seite platt auf den Meeresboden und mit der grauen nach oben. Die sind eigentlich perfekt getarnt.«

Die Chefin sieht plötzlich ganz traurig aus, nicht nur das, ich rieche ihre Traurigkeit mit meiner Superspürnase. Und das wiederum kann ich gar nicht aushalten. Die Chefin ist meine Rudelführerin. Sie muss in einem perfekten körperlichen und mentalen Zustand sein, damit sie ihren Job ordentlich machen kann. Zuversichtlich, und fröhlich will ich sie sehen. Also zerre ich jetzt kräftig an der Leine und strebe so schnell es geht mit ihr im Schlepptau Richtung Ausgang. Bloß raus hier, in die Sonne und den Wind Richtung Meer. Am Hundestrand angekommen hat sich ihre Laune auch schon wieder gebessert. Voll Elan pfeffert sie den Ball durch die Gegend.

Auf dem Rückweg zerrt sie mich aber schon wieder ins Maritur. Das darf doch gar nicht wahr sein! Aber dieses Mal geht's noch schneller. Sie strebt auf die Spendenkasse zu, schmeißt einen Geldschein rein, und wir wackeln wieder raus. »Gut, dass die die Leute aufklären.«.

Wetter immer anders 1

»Auf Amrum ist das Wetter immer anders.« Das ist einer von den wenigen Lieblingssprüchen meiner Chefin, die tatsächlich zutreffen. Erstens ist das Wetter immer anders als bei uns zuhause in Bremen. Zweitens ist das Wetter immer anders als eine Stunde vorher.

Warum das so ist? Das muss am Wind liegen. Eben rennen wir noch über sonnige Feldwege. Meine Oberbefehlshaberin hat diesen glückseligen Ausdruck im Gesicht. Sie grinst vor sich hin. Ich glaube, ihr Gehirn funktioniert in solchen Momenten nur noch sehr eingeschränkt.

Dann, bums, zieht ein Regenschauer über das Land, eine Husche, um diesen eigenartigen Ausdruck auch mal zu verwenden. Ich habe lange gebraucht, um zu kapieren, was damit überhaupt gemeint ist. Und husch, husch ist die auch schon wieder weg, weil der Wind die grauen Wolken einfach weiterschiebt und im Nu wieder blaue Himmelsflecken sichtbar werden.

Die Chefin findet den ständigen Wechsel nicht schlimm. Sie zieht sich einfach entsprechend an und aus. Mich kratzt das sowieso nicht. Ich habe hier durchgehend gute Laune, weil wir ständig draußen sind. Wind und Regen finde ich aber sowieso ziemlich famos.

Wetter immer anders 2

Das Wetter ist auf Amrum immer anders. Es ist vor allem immer anders als die diversen Wetter-Apps das anzeigen. Das muss daran liegen, dass die Insel so schmal ist. Kaum hat die Wetter-App das Amrum-Wetter richtig angezeigt, hat der Wind es auch schon wieder weggeweht, und es ist möglicherweise zum Föhr-Wetter, Sylt-Wetter oder Langeneß-Wetter geworden.

Die Chefin rät allen, die gebannt auf ihre Wetter-App starren, einfach mal die Augen zu heben und in den Himmel zu gucken.

Aber natürlich ist auch für meine Oberbefehlshabende das Wetter ein wichtiges Thema, schon aus organisatorischen Gründen. Großer Rucksack, kleiner Rucksack, gar kein Rucksack, Regenzeug oder nicht, dicker Pulli, dünner Pulli oder beides? Das sind Entscheidungen, die sie täglich mehrfach treffen muss.

Mich kratzt dieser ganze Wetterkram nicht. Ich trage meine Bekleidung dauerhaft am Körper. Wenn meine Bekleidung nass wird, rubbelt die Chefin mich ab. Falls es kalt ist und sie kein Tuch dabei hat, notfalls auch mit zwei Packungen Papiertaschentüchern. Das ist sehr angenehm, nicht nur weil ich danach trockener bin. Es fühlt sich einfach super an. Wenn ich dann in Bewegung bleibe, funktioniert die Resttrocknung ganz von selbst.

So einfach ist das Leben, wenn die Bekleidung angewachsen ist. Das soll bei den Menschen früher ja auch mal so gewesen sein. Meine Rudelführerin mit Pudellocken im Gesicht und am ganzen Körper kann ich mir allerdings nur schwer vorstellen.

Der Quermarkenspargel

Namen sind das hier. Wir stehen am Quermarkenfeuer herum. Quermarkenfeuer, das muss man sich mal auf der Zunge zergehen lassen. Hier ist weit und breit keine Marke und auch kein Feuer zu sehen. Die Chefin liebt dieses Wort aber. Quermarkenfeuer, das hört sich so seemännisch an, das findet sie toll, so rau und seemännisch, auf sowas steht sie ja.

Sie hat mich die Bohlentreppe hochgescheucht. Jetzt guckt sie. Sie guckt nach oben. »Gott, wie schön«, japst sie. Sie japst, weil wir schon länger unterwegs und dann noch hier raufgestiefelt sind. Das kenne ich schon. Es ist jedes Mal das Gleiche. Sie sagt auch jedes Mal das Gleiche: »Gott, wie schön.« Sie meint den kleinen Leuchtspargel hier, das Quermarkenfeuer. Auch rot-weiß wie der große, aber mit seinen knapp achteinhalb Metern ein Winzling im Vergleich zu dem Leuchtspargel auf Großdün. Der ist ja fast 42 Meter hoch. Diesen hier findet sie niedlich mit seinem Zwiebeltürmchen. Dabei ist er alles andere als niedlich. Er erfüllt eine wichtige Aufgabe und das schon seit wesentlich mehr als hundert Jahren.

Er schützt das Fahrwasser Vortrapptief auf der Kniepseite der Insel. Vortrapptief, schon wieder so ein eigenartiger Name. Das Quermarkenfeuer leitet die Schiffe heil in den Hörnumer Hafen auf Sylt. Es ist gar kein Leuchtturm, sondern ein Leitfeuer.

Das Gute am Quermarkenfeuer für mich ist, dass es grundsätzlich mit einem langen Spaziergang verbunden ist. Heute sind wir von Norddorf aus auf dem Kniep am Meer entlangmarschiert. Eine sehr schöne Strecke mit überaus angenehmen Sandbuddel-Unterbrechungen und vielen interessanten Hundebegegnungen. Die Hunde hatten wieder mal alle gute Laune, die Menschen auch. Das ist hier ja völlig anders als zuhause. Die Rudelführer sind alle von irgendwas runtergekommen. Das, von dem sie runtergekommen sind, ist zuhause geblieben. Ihre Hunde sind alle gut ausgepowert, so wie ich. Das entspannt ungemein.

Gleich werden wir weitermarschieren über den Bohlenweg Richtung Vogelkoje, und nach dem unausweichlichen Zwischenstopp dort durch den Wald bis zum Riesenleuchtspargel auf Großdün. Toller geht's eigentlich nicht.

Deshalb hier ein freundlicher Gruß von mir an das Quermarkenfeuer: Schön, dass du hier so beharrlich rumstehst. Weiter so!

Wieso dat denn?

Auch er ist rot-weiß wie die anderen Leuchtspargel, und er leuchtet bei Dunkelheit in drei Farben. Das ist der Chefin seltsamerweise heute beim abendlichen Spaziergang zum ersten Mal so richtig aufgefallen. Bislang hat sie den kleinen Leuchtspargel bei der Öömrang Skuul in Süddorf gar nicht wirklich registriert.

Er steht da rum, ist bei weitem nicht so hübsch wie das Quermarkenfeuer in Norddorf und längst nicht so beeindruckend wie der große Amrumer Hauptleuchtspargel.

Aber jetzt, wie sollte es anders sein, bildet sich im Kopf der Chefin eine Frage. Ich kann das an ihrem zögerlichen Gang ablesen. Schließlich bleibt sie sogar stehen und fragt mich (den Hund!): »Wieso dat denn?«, reflexartiges Umgucken nach allen Seiten inklusive. Hoffentlich hat das keiner gehört!

»Wieso dat denn?«, das ist ein Überbleibsel aus der Revoluzzerzeit meiner Vorgesetzen vor mehreren Jahrzehnten. Diese Redewendung bricht zuweilen unkontrolliert aus ihr heraus. Teile ihrer überaus bizarren revolutionären Phase verbrachte die Chefin im Ruhrgebiet. Das angestrebte Ziel: Die paar Millionen Eingeborenen dieses Territoriums sollten treue Gesinnungsgenossen maoistischer Denkweise werden. Das ist gründlich in die Hose gegangen und erschien ihr irgendwann selbst völlig absurd. Sie lebt seit Jahrzehnten wieder in Bremen. Aber irgendwas bleibt ja immer hängen.

Ich schweife schon wieder ab, und fasse jetzt lieber mal zusammen: Die Frage der Chefin lautet heute Abend: »Dieser Leuchtturm leuchtet rot-weiß-grün, wieso dat denn?«

Mann oder auch Frau, und von mir aus auch Hund, Katze, Austernfischer, Fasan und Karnickel dürfen gespannt sein auf die Antwort.

Das Leitfeuer

»Der Leuchtturm bei der Öömrang Skuul ist gar kein Leuchtturm«, sagt Erk. »Das ist ein Leitfeuer.«

Zu meinem Leidwesen hat die Chefin beim Bäcker in Wittdün Erk getroffen. Deshalb stehen wir jetzt rum vor der Bäckerei. Die Chefin ist richtigerweise davon ausgegangen, dass Erk ihre Wieso-dat-denn-Frage bezüglich der dreifarbigen Strahlen des Süddorfer Leuchtturms (der, wie sich herausstellt, ja gar keiner ist) beantworten kann.

Erk war jahrzehntelang mit dem Tonnenleger »Amrumbank« in der Nordsee unterwegs. Er kennt sich aus mit Seezeichen aller Art.

»Das Leitfeuer Süddorf leitet die Schiffe im Fahrwasser ›Norderaue‹«, fährt Erk fort. »Da fahren die Fähren nach Föhr und Dagebüll. Das Leitfeuer zeigt an, wo das Wasser befahrbar ist. Wenn das Schiff im tiefen Wasser ist, dann sieht der Steuermann weißes Licht. Wenn sich das Schiff Richtung Untiefen aus diesem Bereich rausbewegt, sieht er rotes oder grünes Licht, je nach Richtung.«

Sehr aufschlussreich. Die Chefin bedankt sich ganz herzlich. Ich bedanke mich innerlich auch, weil dieses Rumgestehe so schnell überstanden ist. Wir ziehen zügig weiter am Watt entlang, am Hafen vorbei und über den Deich Richtung Steenodde. Die Chefin möchte jetzt frühstücken.

Aber ich weiß schon, wo es danach hingeht: Über Nebel zur Öömrang-Skuul, das Leitfeuer bei Tageslicht aus der Nähe angucken. Und ich ahne auch, was wir heute Abend treiben werden. Wir werden uns auf den Weg am Watt Richtung Süddorfer Leitfeuer begeben. Die Chefin wird das Leitfeuer anstarren, den Wechsel von Rot, Grün und Weiß, jetzt mit ganz anderen Augen. Ich werde gar nichts anstarren, sondern mit meiner Turbonase beide Seiten des Weges durchpflügen.

Und wenn alles perfekt läuft, dann treffen wir auch noch einen netten Kollegen oder eine nette Kollegin nebst Leinenhalter oder Leinenhalterin. Das bietet der Chefin die Chance, ihr frisch erworbenes Wissen brühwarm weiterzugeben und mir die Chance auf einen ausführlichen Pi-Mail-Austausch, verhedderte Hundeleinen inklusive.

Millimeterarbeit

Die Nase im kräftigen Wind rennen wir am Watt entlang. Es stürmt, ein Regenschauer jagt den nächsten. Der Strand am kleinen Yachthafen von Steenodde liegt unter Wasser, die Mole ist überspült. Auf dem Weg nach Wittdün ist vom schmalen Sandstrand am Watt nichts mehr zu sehen. Stattdessen schwappt das Meer hier und da auf den Weg. Und das, obwohl das Hochwasser schon durch ist. Das Meer auf der Wattseite sieht heute richtig wild aus, grau-grün unter einem bewegten Himmel, über den die Wolken dahinjagen. Die fahle Sonne versucht sich ihren Weg durch das Wolkendickicht zu bahnen. Aber das klappt nur für wenige Sekunden. Was für ein Kontrast! Gestern schien die Sonne den ganzen Tag.

Die Chefin steuert den Anleger an. Gerade trudelt eine der großen Fähren ein. Mal sehen, ob die es schaffen, bei dem starken Wellengang anzulegen. Das Meer schwabbelt wie ein wild gewordener Wackelpudding um den Anleger herum. Aufgebracht schwappt es über die Kaimauer. Einer von zwei Jungs, die dort herumspringen, wird klatschnass. »Komm, ich bring dich schnell zur Jugendherberge«, sagt der andere.

Die Fähre fährt im Schneckentempo Stückchen für Stückchen an den Anleger heran. Sie muss passgenau anlanden, damit die Brücken für Autofahrer, Radfahrer und Fußgänger fest mit dem Schiff verbunden werden können. Driftet sie jetzt ab, gegen den großen Poller? Sieht so aus, aber die Schiffsführer schaffen es, sie auf Kurs zu halten. Die Chefin findet das Manöver so spannend, dass sie mit mir im Schlepptau ganz aufgeregt hin- und herläuft. Als das Meer wieder gierig über die Kaimauer leckt, erwischt es auch uns beide.

»So'n Schiet!« Meine Oberbefehlshaberin eilt mit mir Richtung Café. Da sitzen wir jetzt. Da habe ich überhaupt keinen Bock drauf. Aber wie ich meine Chefin einschätze, geht's ihr genauso. Sie wird ihre Hosenbeine kurz trocknen. Und dann rennen wir weiter durch Sturm, Wind und Regen.

Uralte Hügel

Steenodde, was ist das eigentlich für ein eigentümlicher Name? Diese Frage stellt sich natürlich nicht mir. Namen sind mir komplett egal. Aber die Chefin hat auf dieser Frage herumgekaut, nachgefragt und ins Internet geguckt.

Steenodde heißt auf deutsch Steinspitze. Sehr merkwürdig. In Steenodde sollen sich schon die Wikinger rumgetrieben haben, Davon zeugt ein uraltes Gräberfeld. Wir spazieren da jetzt rum, am Zaun entlang, weil die Chefin sich das angucken will. Schade, dass das Gräberfeld eingezäunt ist. Ich könnte von den kleinen Hügeln astrein meinen Ball runterrollen lassen, wieder rauftragen, wieder runterrollen lassen, stundenlang. Schnüffeltechnisch finde ich das hier am Zaun aber alles sehr angenehm. Würziges Gras und jede Menge Pi-Mails.

Schließlich entdecken wir hinten links noch einen großen Hügel ohne Zaun, das ist der Esenhugh, aus der Bronzezeit oder sogar Steinzeit, auch ein Grabhügel. Wir klettern rauf. Meine Rudelführerin freut sich über den Rundumblick und guckt mir ergeben dabei zu, wie ich meine Ball-Nummer abziehe. Immerhin gönnt sie mir eine Viertelstunde.

Wir zockeln weiter, Richtung Mole. Kein Wasser da, nur am Ende der Mole der große Priel. Es riecht modrig nach Watt.

Nach den schlimmen Orkanstürmen im Herbst und Winter 2013 sind von hier die Nadelholzstämme aus den zerstörten Teilen des Amrumer Waldes verladen worden, auf ein Schiff und von dort auf die auf Reede liegenden Frachtschiffe. Baumstämme über Baumstämme.

Ende des 19. Jahrhunderts war hier übrigens die erste Amrumer Landebrücke für den Fracht- und Personenverkehr. Das hat sich die Chefin wieder mal alles angelesen. Egal, egal, mir ist das alles piepegal. Keinesfalls wurscht ist mir, dass wir jetzt zu einem ausgedehnten Spaziergang aufbrechen.

Bunte Bögen

Schon wieder flippt die Chefin aus. »Gott, ist das schön!« Ein Regenbogen. Mich interessieren Regenbögen nicht. Ich arbeite am Boden, mit meiner Nase. Aber wenn mein Oberboss, diese Naturromantikerin, Regenbögen sieht, dann kriegt sie gute Laune. Sie bleibt noch länger mit mir draußen, um ja keinen von diesen bunten Bögen zu verpassen. Das ist doch großartig. Deshalb begrüße auch ich jeden Regenbogen, der sich am Himmel breit macht, und das sind wirklich viele im Herbst auf Amrum.

Und da haben wir auch schon wieder einen. Er spannt sich vom Meer vor Steenodde bis nach Wittdün. Die Leute bleiben stehen, staunen und fotografieren. Derweil begrüßen sich ihre Hunde. Das Paar, das uns entgegenkommt, führt auch einen mit sich. Er hat etwa meine Größe und braunes struppiges Fell. Wir beschnüffeln uns von allen Seiten, von vorn, von hinten, unten und oben. Er hebt das Bein am Wegesrand, ich hebe das Bein am Wegesrand. Halt die üblichen Rituale, nur dass die Hunde hier fast alle tiefenentspannt sind, so wie ich und die Chefin. Meinen Kollegen interessieren die bunten Bögen genauso wenig wie mich. Wir sind uns einig, dass die Menschen total gaga sind mit ihrer ewigen Knipserei. Dabei verpassen sie eigentlich das Wesentliche, tief einatmen, den Moment genießen. Bilder kann man ja auch im Gedächtnis speichern. Aber uns kommt das alles sehr entgegen. Unsere Rudelführer können deshalb gerne noch länger den Himmel anstarren und fotografieren.

Schließlich geht's weiter, weil der Regenbogen verblasst. Wir verabschieden uns herzlich voneinander mit einem letzten an den Wegesrand gepinkelten Gruß.

Die Sonne scheint immer noch, und bei der nächsten Regenhusche gibt's dann auch den nächsten Regenbogen, Wahrscheinlich auch den nächsten Hund. Das Spiel geht von vorn los. Von mir aus kann das stundenlang so bleiben.

Spiele

Warum spielt die Chefin so viel mit mir? Weil es ihr Spaß macht? Weil sie mir eine Freude machen will? Ja, von allem etwas, aber vor ein paar Monaten hat sie beim Spielen nochmal eine Extraschippe draufgelegt. Wir machen das jetzt noch viel öfter. Wie kam es dazu? Um das zu erläutern muss ich etwas in die Vergangenheit zurückgehen.

In Bremen ist uns etwas Schreckliches passiert. Die Chefin und ich waren in einem Kleingartengebiet unterwegs, als wie aus dem Nichts ein großer Hund auf mich zugerast ist. Ich habe die Flucht ergriffen, aber der Hund hat mich trotzdem erwischt. Er hat sich in meinen Nacken verbissen und mich wie verrückt geschüttelt. Es dauerte ewig bis sein Besitzer es geschafft hat, ihn von mir weg zu ziehen.

Der Hund hätte mich beinahe umgebracht. Ich war schwer verletzt, musste etliche Male zur Tierärztin, hatte wahnsinnige Schmerzen und gar keine Lebensfreude mehr. Mit der Zeit wurde es besser und ich wieder ganz gesund.

Aber die Chefin und ich, wir hatten jetzt beide eine Macke weg. Die Menschen nennen sowas Trauma. Wir waren jederzeit darauf gefasst, dass wieder so ein Monsterhund über mich herfallen könnte. Die Macke der Chefin war noch viel größer als meine. Das liegt daran, dass sie so viel nachdenkt.

Jedenfalls fand sie, dass sie in diesem Zustand als Rudelführerin nicht mehr wirklich geeignet war. Das stimmte. Wenn dein

Rudelführer unsicher wird, wirst du es selbst erst recht. Die Chefin sann auf Abhilfe. Eine Nachbarin riet ihr, eine Unterrichtseinheit bei einer guten Hundetrainerin zu nehmen. Erst fand ich diese Dame völlig daneben. Sie brachte der Chefin nämlich bei, dass sie entscheidet, wann ich eine Pi-Mail schreibe und wo. Bis dahin schrieb ich eine Pi-Mail nach der nächsten, wie es mir gefiel.

Aber dann spielten wir mit ihr die tollsten Spiele. Zum Beispiel das Komm-Spiel. Die Chefin ruft einmal »Komm, Carlo!« Wenn ich dann so nett bin, kriege ich ein Lecklerli. Sie soll ganz gerade dabei stehen und wirklich nur einmal rufen. Wenn ich nicht komme, zieht sie mich mit der langen Leine zu sich. Dann haben wir das Sitz-Spiel gespielt und das Platz-Spiel und das Du-gehst-erst-wieder-los-wenn-ich-dir-das-sage-Spiel. Soviel Leckerlis nacheinander habe ich in meinem ganzen Leben noch nicht gefressen. Am Ende des Trainings war ich total verknallt in diese Hundetante.

Ja, und deshalb spielen wir jetzt noch viel mehr als früher. Wir spielen zwischendurch immer im Wechsel das Komm-Spiel, das Du-gehst-erst-wieder-los-wenn-ich-das-sage-Spiel, das Sitz-Spiel und das Platz-Spiel. Ich kriege nicht mehr jedes Mal ein Leckerli zur Belohnung, nur ab und zu, aber ein dickes Lob oder ein Wurf mit dem Ball springt immer dabei raus.

Und, was soll ich sagen, das macht richtig Spaß, mir geht es prima. Ich fühle mich wieder viel sicherer, und die Chefin auch.

Windstärke 6

Was liegt an? Gerade sind wir losgegangen, von Steenodde Richtung Nebel, am Kliff entlang. Aber die Chefin kehrt um. Das ist jetzt hoffentlich nicht unser ganzer Spaziergang gewesen. Das wäre ja ein Witz.

Aber nein, sie schlägt die andere Richtung ein, über den Deich Richtung Wittdün. Kurz hinter der Mole hat der Wind dermaßen um die Ecke gepfiffen, dass die Chefin sich dagegen stemmen musste. Mir macht das nichts aus, aber sie lässt sich lieber schieben vom Wind, besonders bei Windstärke 6 wie heute.

In Wittdün auf der Unteren Wandelbahn streben wir dem Kniepsand in seiner unermesslichen Breite entgegen, eine überaus angenehme Richtung. Das Watt steht komplett unter Wasser. Hochwasser ist gerade vorbei. Es kommen uns nur wenige Leute entgegen, die meisten von ihnen mit Hunden.

»Guck«, sagt die Chefin zu mir, »die Hundeleute müssen alle raus, egal, wie das Wetter ist.« Ehrlich gesagt, ich glaube sie würde auch ohne mich draußen rumrennen jetzt. Ich bin fest davon überzeugt, dass sie ohne diese viele Rumrennerei kreuzunglücklich wäre.

Am Watt unterhalb der Wandelbahn in Höhe der Jugendherberge toben Kinder mit ihren Betreuern im flachen Wasser herum. Sie haben zwei Sandburgen gebaut, die sie mit viel Geschrei gegen die Wellen verteidigen. Die meisten von ihnen haben keine Gummistiefel an. Sie turnen mit ihren Schuhen durch die Fluten, die Hosenbeine klatschnass, und haben einen Riesenspaß.

Aber dann, als wir eigentlich links die Rampe runtergehen sollten, auf den Kniep, biegt die Chefin bestürzenderweise scharf rechts ab, direkt in die Strandbar Seehund. Och nee, was soll das denn? Hier hängen wir jetzt rum. Mein Oberboss trinkt Kaffee und glotzt aus dem Fenster. Ich lege mich beleidigt neben ihren Stuhl. »Was machen wir jetzt?«, fragt die Chefin. Blöde Frage, wir marschieren den Kniep hoch bis vorne ans Meer, eine sehr erquickende Beschäftigung. Und was macht die Chefin? Sie krault mich am Kopf und sagt: »Wir schieben den Kniep hoch bis vorne ans Meer, wir pfeifen auf das Wetter.«

Und los geht's. Der Himmel ist grau, graue und weiße Wolken, die tief über uns wegziehen. Aber auf dem Kniep, dieser riesigen weißen Fläche, ist es trotzdem hell. Ich jage dem Ball hinterher, die Chefin jagt mich. Wir sind ganz allein und total glücklich. Was für ein genialer Tag.

Eine Grundsatzfrage

Warum ist das Meer salzig? Interessiert mich nicht. Ich frage grundsätzlich nie nach dem Warum. Aber die Chefin fragt sich das gerade, bzw. fragt das irrsinnigerweise mich. Sie erwartet aber nicht wirklich eine Antwort. Die Antwort wird sie schätzungsweise nachher zuhause im Internet herausfinden. Mir stellt sich grundsätzlich eine andere Frage, wenn wir bei der Strandbar Seehund in Wittdün gestartet sind und den Weg quer über den Kniep bis zum Meer hinter uns gebracht haben. Hat die Chefin Süßwasser für mich mitgenommen? Genau deshalb, weil das Meerwasser salzig ist.

Sie hat Leitungswasser dabei, und wir werden hier vorne noch ein wenig hin- und herlaufen, ein erfrischendes Süßwassergetränk für sie und mich inklusive. Dann werden wir den schönen weiten Weg zur Strandbar Seehund zurückwandern und danach noch zu Fuß bis nach Steenodde.

Dort angekommen werde ich herrlich müde sein und mich umgehend zusammenrollen und schlafen. Die Chefin würde sich auch sehr gern zusammenrollen und schlafen, wird aber im weltweiten Netz nach der Antwort auf die Salzfrage forschen.

Später, wenn ich wieder fit und bereit für den letzten abendlichen Spaziergang bin, wird sie mir mit glasigen Augen erklären, wie das Salz ins Meer kommt, obwohl mich das nicht die Bohne interessiert.

Und so kommt es. Am Ende dieses schönen Tages wissen wir beide, dass seit Millionen von Jahren Salze aus Steinen und Felsen zersetzt und herausgewaschen werden. Die vielen Flüsse transportieren diese Salze ins Meer. Dazu kommen Gesteine und Vulkane auf dem Meeresgrund. Auch sie liefern Salz. Die Ozeane sind riesige Salzspeicher. Tja, so ist das.

Dann können wir ja jetzt noch einen schönen langen nächtlichen Gang machen und danach schlafen gehen. Die nächste Frage stellt sich der Chefin morgen ganz bestimmt. Und dafür müssen wir beide wieder fit sein.

Wiederholungstäterin

Warum fährt die Chefin immer wieder nach Amrum? Es gibt Leute, die sie das fragen. Ich würde diese Frage nie stellen.

»Amrum ist immer anders«, antwortet sie dann. »Jedes Mal, wenn ich wiederkomme, hat sich was verändert. Manche Dünen haben sich verlagert, völlig neue sind dazugekommen. Da, wo vorher Sand war, sind Dünenseen entstanden. Manch schöne Dinge sind durch das Wasser zerstört worden, so wie Panschos urige Strandhütte aus Strandgut.«

Dort haben wir immer einen Zwischenstopp gemacht, wenn wir am Kniep von Nebel nach Norddorf gelaufen sind. Jahrzentelangelang stand sie in den Dünen auf dem Kniep nördlich vom Nebeler Strand. Der Amrumer Künstler Otfried Schwarz, genannt Pancho, und seine Freunde veränderten sie in jedem Sommer, bauten wieder auf, was die Wintersturmfluten zerstört hatten, bauten an und fügten immer mehr urige Strandfunde hinzu. Panschos Strandgutburg war berühmt. Der Direktor des Altonaer Museums in Hamburg ließ sie im Frühjahr 2002 sogar im Innenhof des Museums aufbauen, weil er so beeindruckt von der Burg war.

Aber plötzlich war die Strandhütte am Kniep weg. Wintersturmfluten hatten die Dünen abgetragen und Panschos Burg gleich mit. Leider ist auch Pancho inzwischen verstorben.

Manche Leute vermuten, dass es langweilig ist, immer wieder nach Amrum zu fahren. Aber wir langweilen uns hier nie. »Jeder Tag, ja jede Stunde ist unterschiedlich«, sagt die Chefin. »Das Wetter ändert sich ständig, das Meer kommt und geht. Die Fähre legt an und wieder ab. Das Licht ist immer verschieden, der Himmel ist ein einziges fortwährendes Schauspiel.«

Natürlich macht sie auch mal woanders Urlaub. »Aber mindestens einmal pro Jahr muss ich auf diese Insel«, sagt sie. »Sonst fehlt mir was.«

Von mir aus kann sie mich gerne immer mitnehmen. In der Zeit können meine Sheriffs in den Süden fliegen. Fliegen, das muss ich nicht haben, genauso wenig wie Städtereisen. Als Hund wirst du während des Fluges in eine Kiste eingesperrt und möglicherweise noch sediert, damit du nicht durchdrehst. Vielen Dank!

Jetzt ist auch gerade wieder alles anders. Gestern lugte die Sonne nur ganz kurz mal zwischen den Wolken hervor. Heute scheint sie, seitdem sie morgens auf unserem ersten Spaziergang rot aufgegangen ist. Dafür ist es kalt, im Moment nur sechs Grad.

Noch hocken wir hier im warmen Haus. Aber das wird sich gleich ändern. Meine Oberbefehlshaberin wird zunehmend hibbeliger, ein Zeichen dafür, dass sie es hier drinnen nicht mehr aushält.

Und schon geht's los.

Schnabelschau

Das darf doch gar nicht wahr sein. Die Chefin steht neuerdings mit einem Fernglas am Steenodder Kliff und beobachtet die Austernfischer. Ich hänge solange öde neben ihr rum und warte, bis sie endlich fertig ist.

Sie hat was gelesen, in einem Buch. Darin stand, dass Austernfischer unterschiedliche Schnäbel haben. Warum? Weil sie von ihren Eltern unterschiedliche Fressmethoden beigebracht bekommen, und die behalten sie dann ein Leben lang. Manche Austernfischereltern bringen ihren Kindern bei, Muscheln und Schnecken aufzuhämmern. Die kriegen dann, genauso wie ihre Eltern, einen Hammerschnabel mit einer abgekürzten und stumpfen Spitze. Andere lernen, eine leicht geöffnete Muschel in Windeseile aufzumeißeln. Und was kriegen die für einen Schnabel? Einen meißelförmigen natürlich. Die dritte Lehrmethode besteht darin, Würmer aus weichem Untergrund herauszustochern. Wie heißt wohl der Schnabel von den Austernfischern mit dieser Methode? Reingefallen! Deren Schnabel heißt nicht Stocherschnabel, sondern Pfriemschnabel und läuft spitz zu.

Und das alles will sich die Chefin jetzt in der freien Natur angucken. Das zieht sich endlos hin, eine totlangweilige Angelegenheit für mich. Vorwurfsvolle Blicke hoch zu ihr nützen auch nichts. Sie hat ja das Fernglas vor den Augen.

Da hinten kommt endlich ein anderer Hund mit seinem Oberboss. Der pflanzt sich neben meiner Chefin auf, auch mit einem Fernglas bewaffnet. Sie erzählt ihm natürlich brühwarm ihre neuesten Erkenntnisse, und jetzt glotzen sie beide auf die Schnäbel der Austernfischer.

Jetzt ist es aber egal, der Hund hier hat gute Laune. Wir schreiben eine Pi-Mail nach der anderen, führen eine sehr vergnügliche Unterhaltung. Wir können an unseren langen Leinen sogar ein bisschen im Kreis rumpesen, weil außer unseren beiden von Austernfischerschnäbeln besessenen Chefs und uns gerade niemand hier unterwegs ist. Das geht so lange, bis die Leinen sich völlig verheddert haben. Unsere Rudelführer pulen sie wieder auseinander, wünschen sich noch einen schönen Tag und einen guten Weg. Und weiter geht's.

Der Nöck

In den Dünen herumzuturnen ist nicht so mein Ding. Warum? Weil wir da fast nur auf den Holzbohlenwegen unterwegs sind, auf die die Chefin so abfährt. Sie liebt das Geräusch der Tritte auf den Bohlen und wie sie leicht schwingen unter ihr. Zuhause in Bremen haben wir einen ganz kurzen geschwungenen Holzbohlenweg über den Graben in den Wallanlagen. Der hat sogar einen Namen. Er heißt Paula-Modersohn-Becker-Steg, nach der berühmten Malerin. Wenn wir da rübermarschieren, denkt meine Oberbefehlshaberin immer an die Amrumer Dünen. Aber das tut ja eigentlich hier nichts zur Sache.

Die Dünen an sich sind gar nicht schlecht. Wenn ich dort nach Herzenslust herumwetzen dürfte über die Sandberge und durch die Täler, würden sie mir besser gefallen. Aber das findet ja nicht statt. Also latsche ich mit meinem Begleitpersonal über die Bohlenwege.

Jetzt weiß ich auch, wer Schuld hat an diesen Sandhaufen. Die Chefin hat Marianne auf einer Bank in den Dünen ein Amrumer Märchen vorgelesen. Marianne und die Chefin sind beide totale Bücherwürmer. Die Chefin schleppt neuerdings ein kleines Amrumer Geschichtenheftchen mit sich rum.

Im Jahr 1200, also schon ewig her, sollen die Amrumer einen toten Mann am Strand gefunden haben. Der hatte eine Walrosshaut und war mit Seegras und Tang bewachsen. Wie sich das gehört, begruben sie die Leiche auf dem Friedhof neben der St.-Clemens-Kirche.

In der Nacht brach ein schrecklicher Sturm los. Das Meer schob riesige Sandmassen auf den Strand und der Wind trieb sie weiter ins Inselinnere. Das ging so wochenlang. Der Sand rückte den Dörfern immer näher.

Ein alter Mann, ein Spökenkieker, also eine Art Geister-Seher, schlug schließlich vor, die Strandleiche auszugraben und nachzugucken, ob sie am linken Daumen lutschte. In dem Fall sei die Leiche ein Wassermann, ein Nöck, und das Meer versuche mit Gewalt ihn zurückzuholen.

Die Amrumer hörten auf den Alten. Der Tote lutschte tatsächlich an seinem linken Daumen. Sie legten ihn auf einen von zwei Ochsen gezogenen Wagen, und die beiden starken Tiere zogen den Wagen weit hinaus ins Meer.

Plötzlich legte sich der Sturm. Die Wasser- und Sandflut endete. Aber die Dünen blieben und sind heute noch da.

So war das also, sehr spannend. Mal sehen, ob wir gleich vorne am Strand auch eine Wasserleiche finden. Wenn sie am linken Daumen lutscht, wissen wir ja jetzt, was zu tun ist.

Möwen und andere Piepmätze

Hunde frei rumrennen zu lassen ist auf Amrum strengstens verboten. Das finde ich sehr bedauerlich. Ich würde sehr gern in den Dünen rumbuddeln, ein paar Vögel durch die Gegend jagen, ein kleines Bad im Wriakhörnsee nehmen und danach über den weiten Kniepsand Richtung Meer pesen. Das findet alles nicht statt. Und meine Chefin, die mir immer so viel Freiheit gewährt, wie es geht, findet das auch noch gut.

Sie behauptet, das würde angesichts der vielen Touristen und der vielen Hunde, die hier unterwegs sind, gar nicht anders gehen. »Wenn die Touristen mitsamt ihren Hunden alle totalen Freilauf hätten, dann wäre die Vogelwelt hier ziemlich dezimiert. Amrum ist berühmt für seine Natur und seinen Vogelreichtum. Wenn es diesen strengen Naturschutz nicht gäbe, dann sähe die Insel vermutlich ganz anders aus heute«, glaubt sie.

Vielleicht hat sie Recht. Ich persönlich würde die Vögel ja nicht fangen, das fehlte noch, so ein zappelndes gefiedertes Tier in meinem Maul. Ich bin schließlich keine Katze. Aber ich liebe es, sie ein bisschen herumzuscheuchen. Da stehen die aber überhaupt nicht drauf. Sie müssen ja nicht nur auf sich selbst, sondern auch auf ihre Eier und ihre Jungen aufpassen. »Wenn wir hier mitsamt unseren Hunden überall rumlaufen dürften, dann müssten die Vögel unentwegt Menschen und Hunde von ihren Nestern weglotsen. Die größeren Vögel würden Menschen und Hunde sogar angreifen. Vögel sind auch nicht anders als Menschen und andere Tiere. Wenn es um ihre Kinder geht, verstehen sie keinen Spaß«, sagt die Chefin.

Möwenangriffe hat sie schon selbst erlebt. In den siebziger Jahren auf dem Kniep. Damals war sie im Sommer abends mit einem Freund unterwegs Richtung Meer. Plötzlich stieß eine Möwe mit lautem Geschrei auf sie herunter. Erst knapp über ihren Köpfen schwang sie sich in einem Bogen zurück nach oben. Mehrere Male flog die Möwe solche Scheinangriffe. Dann kamen ihr sogar noch andere Möwen zu Hilfe. »Wir haben panisch Sand nach oben geworfen, damit die nicht unsere Köpfe treffen mit ihren Schnäbeln und sind sofort geflohen in Richtung Dünen. Das war sehr beängstigend und unheimlich, wie in dem Hitchcock-Film ›Die Vögel‹. Die ließen erst von uns ab, als zwei andere Spaziergänger auftauchten. Die führten einen großen Hund in ihrer Mitte. Dieser Hund war das nächste Angriffsziel für die Möwen.«

Kein Wunder, er ist der Erzfeind für die Möwen. Wir jagen eben gerne Vögel, das wissen die Möwen auch. Erst später, als meine Chefin und ihr Freund mit anderen Leuten über den Vorfall sprachen, begriffen sie, dass Möwenjunge auf dem Kniep herumliefen, beschützt von ihren wachsamen Eltern oben am Himmel.

Also, so einen Möwenangriff möchte ich auf gar keinen Fall erleben. Dann lieber sicher an der Leine und weit weg von aufgebrachten Vogeleltern.

Schweinerei

Die Chefin hat bis jetzt kein Schwein gehabt. Dabei würde sie so gerne mal eines sehen, kein Schwein, sondern einen Schweinswal. Angeblich gibt es die hier in der Nordsee, vor Amrum und Sylt soll sogar ein Schutzgebiet für die Viecher sein. Aber sie machen sich rar.

Letztes Jahr im Juli ist meiner Oberbefehlshaberin eine Robbe sehr nah gekommen. Sie spaddelt vor dem Nebeler Strand im Wasser herum, und plötzlich taucht da dieser Kopf vor ihr auf, gar nicht weit weg. »Ich bin mit einer Robbe geschwommen«, erzählt sie seitdem kühn. In Wahrheit hat sie umgehend den Rückwärtsgang eingelegt, zurück auf das sichere Land. Man weiß ja nie, was so einem Tier gerade durch den Kopf geht, ob die Robbe das gut findet, dass da ein Mensch in ihrer unmittelbaren Umgebung rumschwimmt. Aber ich schweife gerade ab.

Meine Chefin wünscht sich von ganzem Herzen, dass ihr sowas mal mit einem Schweinswal passiert, oder dass sie wenigstens mal einen Schweinswal aus der Ferne sieht.

Schweinswale sind Verwandte der Delfine. Sie haben aber nicht so einen Schnabel wie Delfine. Delfine findet die Chefin süß, wie fast alle Menschen. Das liegt vermutlich daran, dass die immer so aussehen, als würden sie lachen. Und schlau sind die auch. Nicht so schlau wie ich natürlich. Ich bin ja inzwischen ein wandelndes Lexikon. Mich findet die Chefin aber auf jeden Fall auch süß. Aber ich schweife schon wieder ab.

Mich würde interessieren, warum dieses Tier Schweinswal heißt. Manche sagen, die Zunge sei so ähnlich wie bei einem Schwein oder auch die Augen. Oder die Speckschicht oder die Lage seiner Organe. Das Schwein wird jedenfalls in vielen Sprachen in den Namen dieses kleinen Wals eingebaut. Im Englischen heißt der Schweinswal zum Beispiel »puffing pig«, also etwa blasendes Schwein, wahrscheinlich weil man so gut hören kann, wenn er zum Atmen an die Wasseroberfläche kommt und davor ausatmet. Bei uns wird der Schweinswal auch Braunfisch, Kleiner Tümmler oder Meerschwein genannt.

Na, jedenfalls, vor dem Kniep ist es zu flach für die blasenden Meerschweine. Und auf der Fähre starren wir ja nicht unentwegt auf das Meer. Ich sowieso nicht, ich starre gar nicht auf das Meer. In meinen Augen gibt es nichts Absurderes, als auf das Meer zu starren. Robben hat die Chefin aber schon gesehen von der Fähre aus, nicht nur auf Sandbänken, sondern auch im Wasser.

Aber jetzt hat sie wieder mal was Neues gelesen. Vor dem Südstrand von Wilhelmshaven soll man Schweinswale gut sehen können, besonders im Frühjahr und bei ruhiger See.

Na dann weiß ich ja, wo wir uns im nächsten Frühjahr rumtreiben werden. Von Bremen nach Wilhelmshaven ist es nicht weit. Aber, wenn ich Glück habe, sind Hunde am Südstrand von Wilhelmshaven gar nicht zugelassen. Hoffentlich. Am Strand rumhängen und nach Schweinswalen Ausschau halten, das hat mir gerade noch gefehlt. Das kann meine Chefin sehr gerne ohne mich machen.

Getränke-Leidenschaft

Getränke in ihrer breiten Vielfalt interessieren mich gar nicht. Ich trinke ausschließlich Wasser, es darf auch gerne Pfützenwasser sein. Das ist mir sogar noch lieber als klares Leitungswasser. Hunde stehen eben auf leicht angegammeltes Zeug.

Menschen sind anders. Sie konsumieren Getränke in vielfältigsten Ausgestaltungen. Besonders gerne konsumieren viele von ihnen alkoholische Getränke. In den letzten Jahren ist es zum Beispiel modern geworden, nicht nur einfach irgendein schnödes Bier zu sich zu nehmen, sondern irgendwas ganz speziell Gebrautes. Biersorten gibt es wie Sand am Meer.

Aber eigentlich geht es hier gar nicht um Bier.

Ein anderes Gesöff spielt auf Amrum eine große Rolle. Es geht nicht um schlichtes Bier, auch nicht um die Tote Tante, das Kultgetränk aus Kakao und Rum oder um den Pharisäer aus süßem Kaffee und braunem Rum mit einer Haube Schlagsahne. Und schon gar nicht geht es um das exzellente Amrumer Leitungswasser.

Es geht um Whisky. Denn ausgerechnet auf der kleinen Insel Amrum in der Kultkneipe »Blaue Maus« gibt es eine Whiskykarte riesigen Ausmaßes, mehrere hundert Sorten hat Jan van der Weppen im Programm. Janni Maus, wie er von vielen liebevoll genannt wird, kann zu jedem einzelnen Whisky was erzählen. Whisky ist seine Leidenschaft, vor allem schottischer Single Malt. Ich hab zwar keine Ahnung, was das ist, Single Malt, aber das tut ja hier nichts zur Sache.

Ein Buch über Schottland soll Jannis Leidenschaft ausgelöst haben, als er noch sehr jung war, erstmal die für Schottland und dann auch später die für den schottischen Whisky. Auf vielen Reisen nach Schottland hat er sein Wissen vertieft.

Und was ist dabei rausgekommen? Janni hat die »Blaue Maus« zur besten Whisky-Bar Deutschlands gemacht, 2015 hat er den 1. Platz beim Whisky Award erhalten. Die beste Whisky-Bar Deutschlands auf der kleinen Insel Amrum! Meine Chefin findet das sensationell, obwohl sie gar keine Whiskytrinkerin ist. Mir ist das im Prinzip egal, ich bin ja auch kein Whiskytrinker. Aber irgendwie finde ich das auch völlig irre. Die beste Whisky-Bar Deutschlands, die hätte man doch eher in Berlin, Hamburg oder, wenn schon auf einer Insel, dann auf Sylt vermutet. Aber nee, sie ist hier, auf diesem Eiland, wo eigentlich gar nicht so viel los ist, wenn man von der atemberaubenden Natur mal absieht.

Cinema d'Amrum

Meine Chefin liebt es ins Kino zu gehen. Ich kann mit solchen Lichtspielhäusern nichts anfangen. Hunde starren nicht auf irgendwelche Leinwände oder Bildschirme, egal ob sie groß oder klein sind. Hunde starren so gut wie nie. Allerdings, ich gebe zu, ich starre zuweilen den Ball an, zum Beispiel wenn meine Oberbefehlshaberin ihn in der Hand hält oder er vor ihrem schussbereiten Fuß rumliegt. Genau genommen kann man das aber nicht Starren nennen. Ich verfolge schließlich jede minimale Bewegung des Balls nicht nur mit meinen Augen, sondern mit meinem ganzen Körper. Ich starre auch auf Leckerlis in der Hand der Chefin. Ich versuche ihre Hand quasi zu hypnotisieren, damit sie sich in Richtung meiner Schnauze bewegt. Aber Fernseher, Computer, Kino, nee. Die Chefin starrt gerne auf Kinoleinwände. Sind das überhaupt noch Leinwände heutzutage?

Besonders gern hat meine Oberbefehlshaberin schon immer auf die Kinoleinwand vom Amrumer Inselkino »LichtBlick« in Norddorf gestarrt. Dankenswerterweise starrt sie im Kino immer ohne mich, weil wir Hunde da bekanntlich keinen Zutritt haben. Wenn meine Chefin im Amrumer Kino rumhängt, gebe ich mich sinnvolleren Vergnügungen hin, vorzugsweise langen Spaziergängen mit Trude.

Jedenfalls hat sie den Uralt-Charme dieses Kinos immer geliebt. Alles dort war ein bisschen so wie in den Kinos ihrer Kindheit und Jugend, nur die Filme waren modern. Das Kino bestand nur aus einem kleinen »Saal«. Vor Beginn des Hauptfilms konnten die Gäste, wie früher, Eis kaufen beim Eisverkäufer, der den Kinogang entlangschritt. Eis, Geld und Rückgeld wanderten über zahlreiche Hände durch die Reihen. »Das war immer sehr unterhaltsam«, findet die Chefin. Ich sag's ja. Gut, dass ich nicht dabei war. Erst das ganze Gehampel mit Eis, Geld und Rückgeld, dann garantiert Werbung, auf die fährt meine Oberbefehlshaberin im Kino auch ab. Und schließlich noch ein Film. Ich würde vor Langeweile wahnsinnig werden.

Alles futsch

Aber warum erzähle ich das überhaupt alles?

Das Kino »LichtBlick« residierte im ehemaligen »Seeheim«, einem alten urigen Gebäude, Ende des 19. Jahrhunderts als »Pension-Gasthof Seeheim« erbaut. Dieses Gebäude war mal Pension, Gasthof, Tanzveranstaltungsort und »Christliches Erholungshaus mit Vollpension«. Es war Zeuge des Hin und Her zwischen christlicher Moral und ausufernden fröhlichen Vergnügungen in Norddorf. Im Krieg wurde Militär einquartiert, nach Kriegsende Ostflüchtlinge. Das alte Seeheim war sogar Schule für viele Kinder der Ostflüchtlinge, die in der Volksschule Norddorf keinen Platz mehr fanden. Das Gebäude beherbergte Apotheke, Kurverwaltung, Kurkapelle und Raiffeisenbank. Der Bau hat immer wieder sein Aussehen verändert. Anbauten, Aufbauten, Abbauten. Der ehemalige urige Zwiebelturm fiel einem Sturm zum Opfer. Schöner wurde der Bau durch all das nicht unbedingt, aber er war originell und roch nach Geschichte und Geschichten. Um 1950 zog schließlich das Kino ein in den Saal des Seeheims. Und die Menschen liebten dieses kleine Kino gerade wegen seiner altertümlichen Atmosphäre.

Meine Chefin ist deshalb aus allen Wolken gefallen, als sie im November 2013 an einem dunklen Spätnachmittag im strömenden

Regen vor einem Haufen Steine stand, Überreste des ehemaligen Seeheims und Amrumer Kinos. Sie war fassungslos. Die Chefin lebt, genauso wie ich, in Bremen in einem alten Viertel, das Anfang der siebziger Jahre zugunsten von breiten Autotrassen plattgemacht werden sollte und gerettet wurde. Sie trauert fast jedem alten Haus hinterher.

Inzwischen ist sie aber versöhnt. Der neue Bau, in dem das »LichtBlick« jetzt residiert, gefällt ihr. Nicht ganz unschuldig daran ist die Tatsache, dass sie dort jetzt Kaffee und Popcorn auch außerhalb der Filmvorführungszeiten bekommt. Damit lungert sie dann in einem der Strandkörbe draußen herum.

Na, dann ist ja alles wieder gut. Hauptsache, das Rumlungern zieht sich nicht zu sehr in die Länge, wenn ich ihr dabei Gesellschaft leisten muss.

Wasserberge

Es ist mal wieder Flut. Das Watt vor uns füllt sich langsam mit Wasser. Will die Chefin jetzt hier rumsitzen bis das Wasser endgültig seinen höchsten Stand erreicht hat? Das dauert, insgesamt mehr als sechs Stunden. Außerdem ist es kalt. Wir kommen überhaupt nicht weiter. Wahrscheinlich schlafe ich gleich im Stehen ein. Dann muss ich mir dieses Elend nicht mehr länger angucken. Ihre Gafferei auf das sich füllende Watt gilt heute nicht den Piepmätzen, die sich da draußen in der Pampe gierig den Bauch vollschlagen. Heute geht es meiner Oberbefehlshaberin um nicht weniger als die Anziehungskraft und Fliehkraft des Mondes und die damit verbundenen Gezeiten. Sie hat stundenlang im Internet rumgesurft wegen dieses Ebbe- und Flut-Dings.

»Das Wasser steigt, weil es vom Mond hochgezogen wird«, behauptet sie gerade kühn. Aha. »Die Anziehungskraft des Mondes zieht das Wasser zu einem Flutberg hoch«, faselt die Chefin. Sie versucht sich das vorzustellen. Ihr Gesicht bekommt einen geradezu beängstigend weggetretenen Ausdruck. »Der Mond wirkt wie ein großer Wassermagnet. Diese Seite des Erdballs ist dem Mond gerade besonders nahe. Deshalb ist seine Anziehungskraft gerade besonders stark.« Aha, ein Flutberg also. Sehen kann man das jedenfalls nicht. Man sieht nur, wie das Wasser immer näher kommt und steigt. Wenn die Erde sich weiterdreht und der Mond nicht mehr so nah ist, fällt es wieder, behauptet die Chefin. Dafür ist es an einer anderen Stelle der Erde, die dem Mond gerade nah ist, weiter oben. Ein ständiges Auf und Ab. Der Mond zieht das Wasser hoch, die Erde dreht sich weiter, das Wasser rutscht langsam wieder zurück. Von mir aus gerne, ich will einfach nur weiter.

Im überfrachteten Gehirn der Chefin scheint es jetzt »Klick« gemacht zu haben. Ihr Gesicht nimmt jedenfalls wieder einen normalen Ausdruck an. Sie guckt sogar zu mir runter und sagt den erlösenden Satz: »Na los Carlo, dann marschieren wir jetzt Richtung Wald.«

Farbpalette

Meine Chefin ist ein Augentier. Ich nicht. Ich bin ein Nasentier. Ich habe eine sehr feine Nase. Sie ist sogar besonders fein, behauptet zumindest meine Rudelführerin. Sie ist oft verblüfft über die Fähigkeiten meines Riechkolbens. Inzwischen hat sie kapiert, dass was im Busch ist, wenn ich witternd meine Nase in die Luft halte.

Die Chefin aber nimmt vieles zuerst mit ihren Augen wahr. Die funktionieren anders als meine. Meine sind auf Bewegung eingestellt. Schließlich stamme ich vom Wolf ab. Für Wölfe ist nicht wichtig, welche Farbe ihre Beute hat. Sie müssen ihrer schnellen Bewegung folgen können.

Die Chefin schwelgt in Farben, besonders hier auf Amrum. Sie kann stundenlang rumsitzen und sich den Himmel angucken. Sie beobachtet, welche Auswirkungen die rasanten Veränderungen am

Amrumer Himmel auf die Farbe der Landschaft und Häuser haben. Ich schlafe regelmäßig ein bei diesem absurden Treiben.

Meine Rudelführerin kann gar nicht nachvollziehen, wenn jemand behauptet, der Himmel sei grau. »Den Amrumer Himmel habe ich noch nie grau erlebt«, regt sie sich auf. »Ich habe den aber schon hellgrau, dunkelgrau, graublau und weiß gleichzeitig erlebt. Wenn es dann die Sonne schafft, ihre Strahlen durch die Wolken nach unten zu schicken, dann leuchten plötzlich alle Farben! Besonders Weiß sieht dann aus, als sei es von einem Scheinwerfer angestrahlt.« Weiße Zäune, weiße Gebäudeteile, das Weiß im Gefieder der Austernfischer, das Weiß der Möwen, alles leuchtet, und mein Oberboss kriegt tellergroße Augen. Spannend findet sie auch, wie die Wolken ziehen, wie plötzlich ein hellblaues Loch im grauen, hellgrauen, weißen und dunkelblauen Himmel erscheint. Wie daraus zwei, drei vier, fünf, sechs und noch mehr Löcher werden. Bis nach kurzer Zeit der Himmel hellblau ist und das Grau-Weiß den in diesem Hellblau dahinschwebenden Wolken vorbehalten ist. Und wie sich dann alles wieder umkehrt.

Umkehren, das ist das Stichwort, das machen wir jetzt endlich, wieder runter von dieser oberlangweiligen Aussichtsdüne und weiter Richtung Strand.

Sandberge

Wir haben es geschafft! Die Chefin ist ohne Zwischenstopp am Norddorfer Naturzentrum Maritur vorbeigekommen. Wir bewegen uns auf direktem Weg Richtung Hundestrand.

Aber Pustekuchen, sie wendet sich nach links zum Dünenlehrpad mit seinen vielen Informationsschildern.

Ich dachte, die Dünenentstehungsgeschichte sei ausreichend geklärt. Der angeschwemmte Nöck und seine Beerdigung auf dem Inselfriedhof sollen doch die Ursache dafür gewesen sein. Aber nein, das ist nur eine Sage, und hier auf den Schildern steht angeblich die Wahrheit.

Eigentlich müsste dieser verfluchte Dünenlehrpfad auf dem Kniepsand anfangen. Das würde mir sehr entgegenkommen, dann hätten wir schon eine größere Runde am Strand hinter uns.

Auf dem Kniep kann man nämlich die Dünenentstehung beobachten, Flugsand, der sich an einem Hindernis aufhäuft. Eine niedliche Muschel mit einer Sandfahne kann sich mit Glück zu einer Vordüne auswachsen, mit ein bisschen Meersenf drauf und Binsenquecke. Mit Pech wird sie aber vom Meer wieder weggespült oder vom Sturm verweht.

Wenn eine Vordüne bestehen bleibt, entwickelt sie sich im Laufe der Zeit von einem Stadium zum anderen. Sie kann als Weißdüne mehrere Meter hoch werden und beherbergt dann Pflanzen wie Strandhafer, Strandroggen, Stranddistel oder die Filzige Pestwurst. Filzige Pestwurst, das hört sich herrlich stinkig an. Das nächste Stadium ist die Graudüne, da wachsen dann schon Dünenrosen und Kartoffelrosen, Silbergras und Habichtskraut drauf. Das letzte Stadium ist die Braundüne mit Heide, Krähenbeere, Kriechweide und Sanddorn.

Das hat die Chefin sich alles auf einem Dünenquerschnitt angesehen. Zu meiner Verblüffung reicht ihr das für heute sogar. Vielleicht haben meine beleidigten Blicke nach oben ihre Wirkung getan. Jedenfalls geht es jetzt zügig weiter. Ein erfreulich langer Gang über den Dünenlehrpfad bis zur Aussichtsdüne Himmelsleiter, wo wir natürlich noch mal oben stehenbleiben und auf den weiten Kniep gucken (also ich natürlich nicht, nur die Chefin). Und dann, echt himmlisch, geht es direkt runter auf den Strand Richtung Meer. Links grüßt eine schöne weiße Vordüne mit ein bisschen Pflanzenbewuchs. Aber wir ziehen daran vorbei Richtung Norddorfer Hundestrand. Was für ein genialer Tag!

Schutzwälle

Ich hab' nichts gegen Dünen. Ich habe nur keine Lust, viele Kilometer weit auf Bohlenwegen rumzulaufen. Auf Amrum ist das möglich. Auf Amrum soll das größte zusammenhängende Dünengebiet Deutschlands liegen.

Anstatt über den Bohlenweg zu trödeln, würde ich sehr gerne über die Dünen pesen. Stundenlang könnte ich das machen. Aber hier in den Dünen sind ja nicht nur die wild lebenden Tiere geschützt, sondern auch die Pflanzen. Menschen und Hunde sollen da nicht drin rumlatschen. Das hatten wir ja schon.

Das ist rein theoretisch auch okay. Ohne den großen Dünengürtel wäre die Gefahr von Überschwemmungen viel größer. Im Westen die Dünen mit dem Kniepsand, auf der Ostseite die Deiche. Mehr Schutz hat dieses Eiland nicht gegen das Meer, das bekanntlich ziemlich wild werden kann.

Wenn einer von den beiden Faktoren wegfällt, kann es bös enden. Neben der Buchhandlung Quedens in Norddorf ist am Haus ein Schild angebracht, das den Wasserstand bei der großen Sturmflut im Februar 1962 anzeigt, mindestens kniehoch. Nicht mein Knie, sondern das der Oberbefehlshaberin. Damals war der Norddorfer Deich gebrochen, die Norddorfer Marsch und ein Teil des Dorfes überflutet.

Sowas will ich natürlich auch nicht erleben. Wenn alles vom Wasser zerstört wird, dann können wir hier ja gar keinen Urlaub mehr machen.

Deshalb ist es eigentlich gut, dass hier überall diese Schilder rumstehen, wo draufsteht »Dünenschutz ist Inselschutz«. Rein theoretisch ist das alles folgerichtig und gut. Aber Hunde haben mit Theorie nichts am Hut. Das Einzige, was mich davon abhält ins Dünengelände zu springen, sind die Leine und die mahnenden Blicke der Chefin.

Winzlinge

Ganz hinten sieht man schwarze Punkte, und wenn man genauer hinguckt, dann sieht man, dass die Punkte sich bewegen. Die Punkte, das sind Menschen, vielleicht sind auch ein paar Hunde dabei, das sind dann die noch kleineren Punkte.

Wir sitzen oben auf der Düne in der Nähe vom Campingplatz. Die Chefin guckt gedankenverloren auf den weiten weißen Kniepsand. Wie ich sie kenne, wabert wieder mal eine tiefschürfende ernste Thematik durch ihr Gehirn.

Und dann legt sie auch schon los: »Punkte, das muss man sich mal auf der Zunge zergehen lassen. Ich meine, diese Insel ist ja wirklich nicht so groß. Und auch der Kniepsand ist zwar ein riesiger Strand, aber schon hier, auf dieser optisch großen, aber eigentlich im Verhältnis winzigen Fläche, werden wir Menschen zu kleinen Punkten. Wenn wir hier schon kleine Punkte sind, was sind wir dann auf der Erde oder im Verhältnis zum Weltall? Nichts. Jedenfalls nichts, das man irgendwie in einer Relation ausdrücken könnte, die wir kennen. Wir sind bezogen auf das Weltall winziger als Atome.«

Hilfe! Es geht um nicht weniger als das ganze Universum! Wie lange sollen wir denn hier noch rumhängen? Aber die Chefin scheint noch längst nicht fertig zu sein: »Wenn wir Menschen bezogen auf das große Ganze winziger als Atome sind, wie können wir dann auf die absurde Idee kommen, alles regeln und lenken zu können und dabei in Wirklichkeit alles kaputt machen?«

Tja, das kommt mir, ehrlich gesagt, auch ziemlich irrsinnig vor. Ich würde das schlicht als Größenwahn bezeichnen. Aber, im Gegensatz zur Chefin bin ich ein Hund. Und jetzt habe ich diese Seeluft in der Nase und kann es kaum noch aushalten. Ich tänzele um sie herum, laufe ein Stückchen die Düne runter und blicke mich auffordernd zu ihr um.

Das hilft. »Komm Carlo, lass uns mal weiterrennen Richtung Meer. Es ist so ein wunderschöner Tag heute«, sagt die Chefin.

Puh! Geschafft!

Zurück

Die Bäume sind höher und die Büsche haben keinen Schiefstand, die Straßen sind größer und voller. Es gibt viel mehr Autos, Geschäfte, Menschen. Aber die Gerüche sind vertraut. Es ist auch nicht so windig und rau. Die Wallanlagen leuchten in der Sonne in ihrem bunten Herbstkleid.

Wir sind wieder zuhause in Bremen. Mein Stammrudel hat sich gefreut wie verrückt, mich zurückzuhaben, und ich konnte mich auch gar nicht wieder einkriegen, als ich alle wiedergesehen und vor allem – gerochen habe.

Der Abschied von Amrum ist mir trotzdem schwergefallen. Ich bin so viel draußen auf Amrum, das ist in Bremen anders. Hier gibt es zwar Plätze, wo ich ohne Leine rumrennen kann, und ich begegne all meinen Hunde-Kollegen Stück für Stück wieder.

Die Chefin und ich gehen oft an die Weser, machen lange Spaziergänge, auch an den kleinen Strand, zum Toben und Buddeln. Aber mit dem Kniepsand kann der es natürlich nicht aufnehmen.

Der Chefin ist der Abschied nicht so schwergefallen. Das Wetter war an den letzten beiden Tagen sehr ungemütlich (für sie, für mich war es völlig okay), und die Touristen waren fast alle weg. Sie stand trotzdem wieder an der Reeling auf der Fähre und guckte wehmütig auf »ihre Insel«, bis man sie kurz vor dem Hafen von Föhr nicht mehr sehen konnte.

»Aber ich weiß«, tröstet sich die Chefin, »dass ich immer wieder nach Amrum zurückkomme. Wenn ich abfahre nach Bremen, fange ich schon an, mich auf die nächste Anreise zu freuen, auf den Leuchtturm, den man immer zuerst sieht und den Anleger mit der freundlichen Begrüßung ›Willkommen auf Amrum‹. Das fühlt sich jedes Mal an wie nach Hause kommen.«

So kann man das natürlich auch sehen. Vielleicht sollte ich auch sofort damit anfangen, mit der Vorfreude auf Amrum. Denn so viel weiß ich inzwischen sicher. Die Chefin wird mich immer wieder gerne mitnehmen auf »unsere Lieblingsinsel«.

Winter

Abendwanderung

Es ist ihr erstes Mal, meins auch. Die Chefin hat einen dicken Koffer vorgeschickt. Ich habe ein dickes lockiges Fell. Den fälligen Hundefriseurbesuch haben meine umsichtigen Sheriffs um zwei Wochen verschoben. Ich liege auf dem vibrierenden Boden der Fähre. Die Chefin hat es sich auf dem Sitz neben mir in der vordersten Reihe vor den großen Panoramascheiben gemütlich gemacht. Sie starrt aufs Meer und nippt ab und zu an ihrem Tee. Es ist schon dunkel. Wir sind seit einer Ewigkeit unterwegs. Wir mussten von Zug zu Zug umsteigen, zwischendurch in Bahnhöfen rumhängen, sogar noch mit dem Bus fahren.

Immerhin sind wir jetzt nicht mehr weit weg von Amrum. Die Chefin guckt sich die Lichter an, die auf dem Wasser rumschwimmen oder an Land vor sich hin blinken. Alle diese von Menschen dort platzierten Gefahrenhinweise. Oben am Himmel leuchtet groß der Mond. Zwischendurch ist er von einer Wolke verdeckt, und dann taucht er wieder auf. Die Chefin ist tief in Gedanken versunken.

Ein paar Hunde sind auch hier, mittendrin zwischen Himmel und Meer. Aber die machen sich vermutlich eher profane Gedanken, genauso wie ich. Jetzt, zum Beispiel, frage ich mich, wann dieser Trip hier endlich zu Ende ist.

Als wir angelegt haben, laufen wir die Gangway runter. Unten steht winkend Marianne. Was für eine Freude! Aber das Beste kommt zum Schluss: ein langer Spaziergang am Watt entlang bis nach Norddorf. Ihre vorsichtshalber eingesteckten Taschenlampen brauchen meine beiden menschlichen Freundinnen gar nicht rauszukramen, so hell scheint der Mond. Auf dem Weg durch die Nacht reden sie wie ein Wasserfall, oder besser gesagt wie zwei Wasserfälle. Marianne und die Chefin haben sich lange nicht gesehen.

»In der Nacht mit dem Schiff über das Meer zu fahren, finde ich besonders schön«, schwärmt die Chefin. »Schwer zu erklären, aber im Dunkeln auf dem Wasser fühle ich mich noch viel stärker mit dem Meer verbunden als bei Tageslicht. Oben der dunkle Himmel, unten das dunkle Meer und das Schiff mittendrin. Aber erzähl du mal, wie war der Winter bis jetzt? Wie kommst du klar ohne die vielen Ablenkungen der Stadt? Ich brauche in Bremen ja nur ein paar Meter zu gehen, dann habe ich hell erleuchtete Läden, oder ich kann mich in ein gemütliches Café setzen.« »Ja, oder ins Kino oder Theater oder in dieser wunderbaren Stadtbibliothek rumstöbern, das vermisse ich hier auch«, sagt Marianne. »Dazu kommt noch, dass ganz viele Häuser dunkel sind, weil sie Leuten vom Festland gehören, die hier nicht den Winter verbringen oder weil sie nicht an Feriengäste vermietet sind.« »Das hört sich an, als ob es nicht ganz einfach war alleine auf der Insel«, antwortet die Chefin. »Natürlich fühle ich mich manchmal einsam, aber das ist immer nur ein vorübergehendes Gefühl. Denn andererseits, und das überwiegt eindeutig, ist das für mich hier eine schöne Ruhe und eine gute Dunkelheit. Ich bin sehr auf mich zurückgeworfen, und ich glaube, das tut mir gut. Weniger ist mehr, da ist wirklich was dran. Das erlebe ich hier gerade. Dazu gehört auch, dass ich mich total über Besucher freue. Alles bekommt einen ganz anderen Stellenwert, jede Veränderung, die Veränderungen in der Natur und im Dorfleben auf der Insel, die Veränderungen der Jahreszeiten, und die Veränderungen, die ich an mir selbst bemerke. Ich habe das Gefühl, ich sehe und höre und rieche hier viel mehr, ich empfinde alles viel intensiver, und das ist sehr schön.«

Die beiden bleiben stehen und staunen schweigend die Welt an. Das vom Mond beschienene glitzernde Meer, die kreisenden Lichtarme des Amrumer Hauptleuchtspargels und das wechselnde Licht des Langeneßer Leuchtturms, und die vielen Sterne am Himmel. Wir sind ganz allein hier draußen.

Ich sauge die Inselgerüche auf, stöbere im Sand und im Gras herum, lese und schreibe eine Pi-Mail nach der nächsten. Es gibt so viel aufregendes Neues, Tausende verschiedene Gerüche, Tausende Botschaften von meinen Kollegen.

Wir sind wieder auf Amrum! Unser allererster Winterurlaub auf der Insel hat begonnen.

Seezeichen

Es geht nicht weiter. Die Augen meiner Oberbefehlshaberin haben sich an einem großen Schild beim Seezeichenhafen festgesaugt. Darauf werden unterschiedliche Tonnen und ihre Bedeutung dargestellt. Ich bin der Meinung, Tonnen oder Bojen können uns beiden piepegal sein. Schließlich fahren wir nur als Passagiere mit auf den verschiedenen Schiffen. Wichtig ist, dass die jeweiligen Schiffsführer diesen ganzen Kram im Wasser richtig zuordnen können.

Aber nein, jetzt will sich auch meine Chefin den Durchblick verschaffen und ihr ohnehin überfrachtetes Hirn noch mehr vollstopfen. Auf dem Schild sind rot-weiße Tonnen in diversen Ausführungen abgebildet. Rot-weiß ist die erste Tonne im Fahrwasser, steht da, die Ansteuerungstonne. »Guck' an«, sagt die Chefin. »Und«, erklärt sie mir, »auf Friesisch heißt so eine Tonne Faarweedertan.« Aha, wie toll.

Das ist natürlich nicht alles. Die Steuerbordtonne ist grün, also auf der rechten Fahrwasserseite. »Und die heißt auf Friesisch Stüürbuurdtan, sieh mal an«, freut sich die Chefin. Sieh mal an, Stüürbuurdtan, wer hätte das gedacht.

Rot, steht auf dem Schild, ist die Farbe der Backbordtonne, also auf der linken Fahrwasserseite. Na, und wie heißt die auf Friesisch? »Bakbuurdtan«, strahlt meine Oberbefehlshaberin. Super, das ist irgendwie folgerichtig, wenn die andere Stüürbuurdtan heißt.

»Und guck mal, Carlo«, klärt sie mich auf »die schwarz-gelben Bojen, das sind die Gefahrenzeichen. Die weisen auf Wracks und Untiefen hin, total wichtig, auf Friesisch Wraktan.«

Ich wünschte, über meinem Kopf würde jetzt eine solche schwarz-gelbe Wraktan als Gefahrenzeichen auftauchen, mit dem Hinweis, dass ich hier nicht mehr länger rumsitzen und mir diesen Quatsch anhören will.

Überraschenderweise scheint das tatsächlich der Fall zu sein. Die Chefin streichelt mir über den Kopf, stopft mir ein Leckerli ins Maul und wir marschieren schnurstracks weiter.

Öömrang Ferian i.f.

Seltsam, dass sie sich das noch nie gefragt hat. Ich muss mich doch wundern. Öömrang Ferian i.f. Was bedeutet eigentlich i.f.?

Ehrlich gesagt, ich kann mit dem gesamten Begriff nichts anfangen. Öömrang Ferian i.f., das ist friesisch. Und das kann jetzt wirklich keiner von mir verlangen, dass ich als Hund auch noch die friesische Sprache beherrsche. Aber von meiner Chefin hätte ich eigentlich ein bisschen mehr Interesse erwartet. Wo uns doch der Öömrang Ferian i.f. ständig über den Weg läuft. Das Naturzentrum Maritur in Norddorf zum Beispiel wird vom Öömrang Ferian i.f. betrieben, die Vogelkoje Meeram wird von denen betreut, dann noch die archäologischen Fundstätten Amrums mit den Gräbern und Siedlungsresten aus der Jungsteinzeit und Eisenzeit und die bronze- und wikingerzeitlichen Grabhügel bei Steenodde und das Öömrang Hüs in Nebel. Dann kümmert sich der Ferian noch um den Erhalt der historischen Friesenhäuser und die Pflege der Inselnatur.

Meine Oberbefehlshaberin rennt seit mehreren Jahrzehnten auf der Insel rum und nimmt das einfach als gegeben hin. Das ist ein für sie völlig untypisches Verhalten. Inzwischen weiß sie immerhin schon mal, dass der Öömrang Ferian i.f. 1974 gestartet ist, um die friesische Sprache und Kultur zu erhalten und zu pflegen. Warum weiß sie das? Weil ihr wieder mal eine Ausgabe vom »Kleinen Amrumer« in die Hände gefallen ist. Da stand noch mehr drin. Zum Beispiel, dass der Öömrang Ferian i.f. von Anfang an mit dem Nordfriisk Institut zusammengearbeitet hat. Das ist eine zentrale wissenschaftliche Einrichtung in Nordfriesland für Pflege, Förderung und Erforschung der friesischen Sprache. 1987 wurde Friesisch im Schulunterricht eingeführt und ein friesischer Lehrstuhl an der Christian-Albrechts-Universität in Kiel eingerichtet. Die Chefin findet besonders toll, dass 1997 die Ortseingangsschilder der Amrumer Inseldörfer zweisprachig wurden.

»Die haben ja richtig was erreicht!«, freut sie sich. Sie hat also angebissen, und, wie ich sie kenne, wird sie so schnell nicht wieder loslassen.

Die Chefin und ich verstehen dieses eigenartige Friesisch überhaupt nicht. Aber die Chefin findet Friesisch trotzdem schön. Ich, meinerseits, empfinde gar nichts, mir ist das Friesische wurscht, solange meine Chefin nicht selbst anfängt, Friesisch zu sabbeln.

Aber wenn die Chefin etwas schön findet, dann steigt ihre Laune, dann kann ich ihr inneres Lächeln förmlich riechen, und das färbt immer auf mich ab. Da kann ich gar nichts gegen machen. Das liegt an der viele tausend Jahre alten Verbindung zu den Menschen, die wir Hunde haben.

Ja, und was bedeutet jetzt dieses seltsame i.f.? Auch das hat meine Chefin herausbekommen. Öömrang Ferian i.f. heißt Amrumer Verein e.V., i.f. ist die Abkürzung für iindraanj ferian, also eingetragener Verein.

So, und jetzt mal alle schön fließend nachsprechen: Öömrang Ferian iindraanj ferian!

Geistervertreibung

Heute geht's zur Geistervertreibung. Geistervertreibung, sowas Blödsinniges können sie gerne ohne mich machen! Aber sie schleifen mich mit, die Chefin und ihre Freundin Marianne.

Insulaner und Touristen, Kinder und Erwachsene ziehen im langen Zug mit Fackeln in der Hand von der Hüttmann-Wiese in Norddorf auf dem Wirtschaftsweg Richtung Nebel. Ein paar Hunde sind auch dabei. Wir tragen natürlich keine Fackeln, wir haben ja auch gar keine Hände. Geleitet werden wir durch ausgehöhlte hohe Baumstümpfe am Wegesrand, in denen ein Feuer brennt.

»Das sieht aber schön aus« findet mein Begleitpersonal, »die vielen kleinen Feuer am Weg und die Fackeln und die unzähligen Sterne am Himmel.« Gott ja, die beiden sind halt Romantikerinnen, Menschen brauchen sowas hin und wieder, soviel hab' ich inzwischen kapiert. »Und diese Luft«, Marianne kriegt sich gar nicht wieder ein, »so klar, fast durchsichtig!« Das wird sich bald erledigt haben, denke ich, spätestens am großen lodernden Feuer dahinten, wenn es so richtig schön qualmt. Aber solange mir kein Geist zu nahetritt und mir dieses eigenartige Unternehmen einen ausdauernden nächtlichen Spaziergang beschert, fühlt sich das eigentlich auch für mich alles ziemlich gut an.

Ich schätze mal, es geht um das große Feuer, sonst würden wir da ja nicht alle hinstreben, und irgendwas hat Kai Quedens auf der Hüttmann-Wiese auch dazu erzählt, teilweise sogar in diesem eigenartigen Friesisch. Dass es ein großes Feuer gegen die Geister ist, das Biiken auf dem Biikenplatz am Watt. Biiken, so nennen die Insulaner das. Es findet jedes Jahr am 21. Februar statt. Inzwischen lockt es auch haufenweise Touristen auf die Insel. In allen Dörfern brennen Biiken. Ursprünglich sollen das Fastnachtsfeuer gewesen sein. Der Frühling wurde damit begrüßt, der Winter sollte die Biege machen. Inzwischen werfen die Insulaner den Piader, eine mit Stroh und Papier gefüllte große Puppe, aufs Feuer. Damit soll symbolisch der Winter verbrannt werden. Mal sehen, ob das klappt. Heute Nacht haben wir jedenfalls noch leichten Frost.

Auch wenn ich mich nicht für solchen Zinnober interessiere, komme ich sehr gern zu nächtlicher Stunde mit verschiedenen anderen Hunden ins Gespräch. Denen ist das genauso wurscht wie mir, sie finden aber auch sehr gut, dass wir nachts hier draußen rumlaufen und Informationen austauschen und Pi-Mails am Wegesrand schreiben und lesen.

Und überhaupt ist die Stimmung prima hier heute Nacht. Beim Feuer angekommen, steht da natürlich der obligatorische Getränkeausschank. Das wird ja immer besser. Mein Begleitpersonal wird garantiert einen Glühwein oder ein Bier zu sich nehmen, vielleicht auch zwei oder drei. Der nächtliche Ausflug wird sich wohl noch eine ganze Weile hinziehen.

Deshalb hier mein herzlicher Dank an die Amrumer, dass sie ihren alten Biikebrauch so schön pflegen.

Strandgut

Weit vor uns liegt ein graues Etwas am Kniep, nah am Wasser auf dem Sand. Was ist das? Vielleicht ein Stück silbriges Treibholz. Februar, ein herrlicher Tag. Knackig kalt und sonnig. Wir sind schon lange unterwegs, zusammen mit Marianne, immer am Meer entlang, vom Süddorfer Strand in Richtung Norddorf.

Viel los ist heute nicht hier am Kniep. »Ich glaube, da braucht jemand Hilfe«, Marianne zeigt nach vorn. Wir laufen schneller. Ein Mann kommt uns entgegen. Er wedelt mit den Armen. Und tatsächlich wird Hilfe benötigt, nicht von dem jungen Mann selbst, sondern von dem grauen Etwas am Ufer.

»Ich bin von der Schutzstation Wattenmeer«, stellt der Mann sich vor. »Das da hinten ist eine junge Kegelrobbe. Machen Sie bitte einen großen Bogen um das Tier herum. Wir beobachten es schon eine ganze Weile. Die Mutter kommt auf den Strand und säugt es. Wenn Sie und vor allem der Hund dem Jungtier zu nahe kommen, traut die Mutter sich nicht mehr her. Es wird sterben.«

Wir machen einen riesigen Schlenker Richtung Dünen. Darüber bin ich, ehrlich gesagt, sehr froh. So klein sieht diese Robbe gar nicht aus. Ich wäre da aber sowieso nicht hingetrabt und hätte die beschnuppert. Ich bin eher ein vorsichtiger Vertreter meiner Art. Nassforsches Auftreten gegenüber Kreaturen und Dingen, die ich nicht kenne, ist mir fremd. Stattdessen hätte ich aber vermutlich gebellt. Das mache ich oft, wenn mir etwas unheimlich ist. Zum Leidwesen der Chefin mache ich das auch, wenn ich Angst vor größeren Hunden habe. Sie attestiert mir deshalb einen Hang zur Lebensmüdigkeit. »Halt doch einfach die Klappe und geh weiter«, pflegt sie in solchen Situationen zu mir zu sagen.

In diesem Fall wäre Bellen total nach hinten losgegangen, nicht für mich, aber für die kleine Robbe. Die Mutter wäre garantiert nicht zum Füttern gekommen, wenn Menschen und ein bellender Hund sich in der Nähe ihres Jungen aufgehalten hätten. Also bedanke ich mich jetzt mal im Namen der kleinen Robbe und ihrer Mama bei dem Mann von der Schutzstation Wattenmeer. Das ist bestimmt ein ziemlich öder und kalter Job, wenn man hier mehrere Stunden lang rumsteht und auf kleine Robben aufpassen muss.

Beute

Was ist los mit ihr? Meine Rudelführerin sucht mit den Augen den Boden ab. Wir wandern am Meeresrufer auf dem Kniep entlang. Ein sonniger Februartag, nachdem es gestern bedeckt und stürmisch war. Seitdem wir in Norddorf auf den Strand abgebogen sind, macht die Chefin das. Was sucht sie?

Hier liegt allerhand herum, Stöcker, Muscheln, Steine, Seetang. Sucht sie vielleicht Bernstein? Den musst du erst mal erkennen und auch wissen wo und wann du ihn am besten findest. Es gibt Insulaner, die wissen das. Ich glaube, die Chefin hat davon keine Ahnung, falls doch, hat sie mich darüber in Unkenntnis gelassen. Das kann ich mir bei ihrem sagenhaften Mitteilungsbedürfnis aber gar nicht vorstellen.

Und Muscheln hat sie doch eigentlich schon genug, zuhause in Bremen und auch in unserer Unterkunft in Norddorf. Und bizarre Hölzer, die aussehen wie urtümliche Tiere, fehlen ihr eigentlich auch nicht mehr.

Ach, soll sie doch suchen, ich werde schon merken, um was es geht. Obwohl es eigentlich ziemlich blöd ist, an einem solchen Tag ständig nach unten zu gucken. Bodenarbeit ist eher der Job von uns Hunden. Und heute ist es nach dem dunklen stürmischen Wetter gestern irre hell, der Himmel blau mit weißen Wattewolken, der Kniep fast weiß. Licht, Licht, Licht. So viel Vitamin D wie hier können wir uns zuhause im Februar gar nicht einfangen.

Aber dann schreit die Chefin plötzlich: »Guck mal da vorne, Carlo!« Ja gern, was liegt denn da? Große Schnecken, die kenne ich schon, riechen genauso wie Muscheln. »Fünf Wellhornschnecken auf einem Haufen«, freut sie sich. »So viele habe ich noch nie gefunden, und alle heile!«

Sie betrachtet verzückt ihren Fund. Die Wellhornschnecken sind weiß, blau und braun. Ihr Schneckengewinde ist unterschiedlich stark geriffelt. Eine hat ganz tiefe Riffel, die andere nur ganz zarte. Ein paar Seepocken kleben an ihnen.

Eigentlich sind das nur die Gehäuse der Wellhornschnecken. Wenn die Schneckentiere in ihren Häusern nicht mehr leben, sind die bei Einsiedlerkrebsen hochbegehrt. Die brauchen diese »Häuser«, weil nur ihre Scheren und ihre vier Beinpaare einen harten Panzer tragen. Ihr Po ist ungeschützt. Deshalb stecken sie ihn in die leerstehenden Gehäuse der Wellhornschnecke. Wenn sie zu groß für das Wellhornschneckenhaus geworden sind, suchen sie sich ein größeres und ziehen um, so schnell wie möglich, damit sie niemand auffrisst. Woher ich das weiß? Das habe ich alles bei einer Strandführung aufgeschnappt, die ich mit der Chefin zusammen gemacht habe. Allmählich entwickle ich mich ganz nebenbei zu einem ausgesprochen gebildeten Hund.

Die Chefin stopft sich die Wellhornschnecken in ihren Rucksack. Der Fund scheint sie sehr glücklich zu machen. Nun guckt sie auch nicht mehr auf den Boden. Sie bewundert den Strand, den Himmel, das Meer und die Dünen, aber vor allem mich, wie ich mit erhobenem Schwanz am Wasser entlang trabe. Meine Chefin hat Beute gemacht und ist zufrieden und stolz. Dann bin ich das natürlich auch.

Klare Sache, großes Herz und weiter Horizont, rüm hart – klaar kiming!

Karnickel-Leibspeise

Karnickel nerven nicht nur Hunde. Sie gehen auch Bäumen auf den Geist, speziell jungen Bäumen. Jetzt mal vorausgesetzt, dass Bäume über so etwas wie einen Geist verfügen. Kaninchen lieben die zarte Rinde junger Bäume und die zarten grünen Triebe. Die bedauernswerten Bäume können sich aber nicht wehren oder abhauen.

So, und was hat das alles mit Amrum zu tun? Es hat was zu tun mit dem Bergwaldprojekt, das seit Jahren hilft, den Inselwald umzubauen in einen Mischwald. Aber das hatten wir ja schon.

Meine Chefin hat mal eine Woche mitgeholfen im Bergwaldprojekt. Sie war hier im März 2014, nachdem der Orkan Christan und das Sturmtief Xaver große Teile des Inselwaldes plattgemacht hatten. Aber das hatten wir ja auch schon. Wie hängt das jetzt mit den Karnickeln zusammen?

Damals, als meine Oberbefehlshaberin mit den Bergwaldprojektleuten auf Amrum weilte, waren die großen umgeknickten Baumstämme schon mit schweren Maschinen aus dem Wald gezogen worden. Übrig blieben einige junge Bäume, aber vor allem Gewächse, die in einem neu anzupflanzenden jungen Wald alles überwuchern, wie Brombeersträucher und die Kanadische Traubenkirsche. Die jungen Bäume, die neu gepflanzt werden sollten, sind ja zunächst mal winzig. Die müssen ja erst mal hochwachsen.

Die bereits in den Jahren zuvor gepflanzten jungen Bäume hatten den heftigen Wind nur zum Teil überlebt. Die anderen mussten aus der Erde rausgezogen werden, genauso wie die Brombeersträucher und die Traubenkirsche.

Sie fragen sich, wann es endlich mal losgeht und was das mit den Karnickeln zu tun hat? An dem Punkt sind wir jetzt endlich. Die Antwort sprengt aber diese Geschichte. Wenn Sie die wissen wollen, müssen Sie die nächste Geschichte lesen.

Die Röhrchen-Polizistin

Die Chefin litt damals, zu Beginn der Bergwaldprojekt-Woche, an einer beginnenden Sehnenscheidenentzündung im rechten Arm. Jetzt fragen sie sich vermutlich, was das wieder mit den Karnickeln zu tun hat. Um das zu klären müssen wir die Verbindung Karnickel – Röhrchen – Chefin herstellen.

Unten am Stamm der kaputten jungen Bäume befanden sich graue Plastikröhrchen gegen Karnickelfraß. Jeder einzelne Stamm wird mit einem röhrchenförmigen Schutz umwickelt, der sich dehnt, wenn die Stämme im Laufe der Zeit dicker werden. Die Plastikröhrchen von den durch den Sturm vernichteten jungen Bäumen waren tatsächlich zu einem großen Teil noch zu gebrauchen. Sie haben meiner Oberbefehlshaberin damals dazu verholfen, trotz Sehnenscheidenentzündung im zerstörten Amrumer Wald einen sinnvollen Job zu machen.

Ihr etwas öder, ihrem Arm aber zuzumutender Job bestand darin, die heilen von den kaputten Röhrchen zu trennen. Die brauchbaren Röhrchen drehte sie zur Wiederverwertung und vorläufigen Aufbewahrung zu langen Röhren zusammen. Sie war die Herrscherin über die Plastikröhrchen, eine Art Plastikröhrchen-Polizistin.

Na jedenfalls ist ihr in der Woche Bergwaldprojekt auf Amrum klar geworden, welche immense Gefahr die vielen dreisten Karnickel für einen jungen Wald bedeuten. Nicht nur das. »Diese Woche werde ich nicht vergessen«, schwärmt sie. »Wir haben ganz viel über den Wald gelernt, haben zusammen gearbeitet, hatten jede Menge Spaß, haben prima gegessen im Wald und in unserer Unterkunft in Norddorf und sind vom Café Schult jeden Abend mit riesigen Kuchenblechen versorgt worden.« Außerdem hat die ganze Gruppe an einer Dünenführung vom Naturschutzzentrum Maritur in Norddorf teilgenommen. Seither kennt die Chefin die Geschichte vom Nöck. Eine Besichtigung des Öömrang Hüs in Nebel stand auch auf dem Programm. »Die haben extra eingeheizt für uns. Das hatte zur Folge, dass die meisten bei den Erzählungen über die

Geschichte des Hauses selig eingeschlafen sind. Wir waren hundemüde von der vielen Arbeit an der frischen Luft. Der nette Mann, der uns das Haus zeigte, hatte dafür aber großes Verständnis.«

Na jedenfalls konnte die Chefin dank Karnickeln und Röhrchen trotz ihrer Einschränkung aktiv an einer der überaus begehrten Amrumer Bergwald-Projekt-Wochen teilnehmen. Das ist doch mal was.

Die Namenlosen

Heute wandern wir zu den Namenlosen. Was das sein soll, weiß ich nicht. Auf jeden Fall ist es nicht gleich um die Ecke. Um zu den Namenlosen oder auch Heimatlosen zu kommen, wandern wir sogar um mehrere Ecken bis nach Nebel. Dort treffen wir Marianne. Nach kurzem Begrüßungskraulen- und Schwanzwedeln geht's weiter und bei der Mühle über die Inselstraße.

Ein Friedhof ist das also, das hätte die Chefin auch gleich sagen können. Sie guckt sich überall die Friedhöfe an, wo sie hinkommt, meistens ohne mich, weil Hunde da in der Regel keinen Zugang haben. Friedhöfe sind Hunden auch herzlich egal. Wir machen uns keinerlei Gedanken darüber, was mit uns nach dem Tod passiert. Wir machen uns sowieso keinerlei Gedanken über den Tod. Wenn er in Form, zum Beispiel, eines gefährlichen anderen Tieres vor uns auftaucht, machen wir uns ausschließlich Gedanken über das Leben, nämlich wie wir es behalten können.

Trotzdem war ich in Bremen schon mal mit meiner Chefin auf einem Friedhof, auf einem Friedhof für Haustiere, wie Hunde und Katzen. Da waren lauter kleine Gräber. »Die sehen den großen Gräbern der Menschen ja total ähnlich«, stellte die Chefin verblüfft fest. Der Tierfriedhof liegt gleich neben dem Tierheim, ist den Tieren dort aber auch herzlich egal.

Aber dies hier ist ein Friedhof für Menschen, für Menschen, deren Namen niemand kennt. Sie sind angeschwemmt worden, die meisten am Kniepsand, überwiegend ertrunkene Seeleute. Von 1906 bis 1969 wurden sie hier beigesetzt. Seit Ende der sechziger Jahre gibt es moderne Techniken, um die Herkunft von Toten festzustellen. Seitdem können sie in ihre Heimat gebracht und dort begraben werden.

Am Friedhofstor, wo die Chefin mich jetzt festbindet, steht die Inschrift »Es ist noch eine Ruhe vorhanden« Und in der Tat macht das hier alles einen überaus friedlichen Eindruck, auch wenn die Inselstraße nicht weit weg ist. Wir sind ganz allein.

Ehrfürchtig und maritim

»Sitz«, fordert die Chefin mich auf. Ich nehme in der mittäglichen Wintersonne Platz, heilfroh, dass ich nicht mit ihr und Marianne von Grab zu Grab schlurfen muss.

Marianne liest andächtig vor, was in den Stein einer hohen Stele eingraviert ist: »Freuet euch, dass eure Namen im Himmel geschrieben sind«. Ich gucke automatisch nach oben. Der Himmel sieht aus wie immer, groß und weit. Da steht nichts geschrieben. Dann ist das vermutlich symbolisch gemeint. Aber ich muss das auch gar nicht verstehen. Hunde interessieren sich, wie bereits erwähnt, ausschließlich für das Hier und Jetzt.

Den beiden scheint der kleine Friedhof sehr zu gefallen. Auf jedem Grab steht ein Holzkreuz mit dem Datum, an dem der Namenlose gefunden wurde, der dort begraben liegt. 32 Gräber sind das. Das zieht sich. »Sehr nobel von der evangelischen Kirchengemeinde, dass sie die Gräber der Toten weiter pflegt«, findet die Chefin. »Das müssten die ja nicht, die Ruhefrist von 30 Jahren ist schon lange verstrichen.«

Drei Schiffsskulpturen auf dem Friedhof gucken sie sich auch noch an. Das aus Holz geschnitzte »Schiff des Lebens« auf einem hohen Mast symbolisiert eine Arche in Form eines Plattbodenschiffes. Auf einem weiteren Mast aufgestellt steht die

»Sonnenbarke« oder auch »Todesbarke« aus Metall. Das ist das Schiff, auf dem nach mythologischer Vorstellung die Sonne bei Nacht durch das Reich des Todes fährt. Das entnehmen meine Leinenhalterinnen alles einem kleinen Flyer und lesen es sich gegenseitig vor. Die dritte Skulptur ist das »Sinkende Schiff«, auch aus Metall. Einen Spendensammelbehälter für den Unterhalt des Friedhofs gibt es auch noch. Nachdem sich mein Begleitpersonal einen Moment auf eine Bank gesetzt hat, werfen beide da Geld rein.

Vom kleinen Friedhof aus kann man die Amrumer Mühle sehen und weiter entfernt steht der große Amrumer Leuchtspargel. »Ein Grab mit Blick auf die Mühle und nachts die Scheinwerfer des Leuchturms am Himmel, wie schön«, sagt Marianne, »eine tröstliche Vorstellung für einen ertrunkenen Seemann, dessen Heimatort niemand kennt«.

Die beiden sehen ganz ernst und ehrfürchtig aus, irgendwie schon fast erleuchtet. Sie haben hoffentlich nicht vergessen, dass ich auch noch da bin.

Nee, alles paletti, wir wandern weiter, ich freudig und schwanzwedelnd, ganz irdisch Richtung Nebeler Wald.

Per aspera ad astra

»Vom Rauen zu den Sternen« das steht über der Innentür des Eingangs von Haus Eckart an der Mittelstraße in Wittdün. Allerdings steht es dort nicht auf Deutsch, sondern in lateinischer Sprache »Per aspera ad astra«. Und? Was ist daran so bemerkenswert? Gar nichts, jedenfalls für mich.

Aber für die mir innig zugeneigte Halterin des anderen Endes der Hundeleine scheint das sehr bemerkenswert zu sein. Sie hat vor Jahren eine Woche in dem Jugendstil-Haus verbracht und die Worte über dem Hauseingang damals gar nicht registriert. Dabei findet sie die »so schön«. »Vom Rauen zu den Sternen«, das bringt das romantische Seelenleben meiner Chefin zum Klingen. Naja, okay, von mir aus. Am bemerkenswertesten fand sie damals, dass eine eigene Düne zum Haus Eckart gehört, zusätzlich zum Garten rund um das Gebäude. »Die Düne liegt auf der anderen Straßenseite. Von ihrer Spitze hat man einen atemberaubenden Blick auf den Kniep.«

Jetzt hat sie einen mehrseitigen Artikel über die Geschichte vom Haus Eckart im »Kleinen Amrumer« entdeckt. »Schön fand ich das Haus im Jugendstil damals schon, es hat eine Seele.« Aber dass es als Kinderheim die Schriftstellerin Else Ury zu einem ihrer Nesthäkchen-Kinderbücher inspiriert hat, davon hatte meine Chefin keine Ahnung. Sie wusste auch nicht, dass es das erste Kinderheim Wittdüns war. Nachdem sie sich die Geschichte des Hauses durchgelesen hat, rennen wir da natürlich hin (herrlich, ein Spaziergang von Norddorf am Watt entlang) und sie steht andächtig davor, eindeutig nicht mir, sondern dieser alten Villa innig zugeneigt. »Ich sehe das Haus jetzt mit ganz anderen Augen. Wie schön, dass das alles noch da ist, das Haus und die freie Düne.«

Ja, ja, schön, schön. Und wenn meine Leinenhalterin demnächst endlich fertig ist mit ihrem Freudengedusel, dann erinnert sie sich vielleicht wieder an mich, und wir klettern hoffentlich da vorne die Treppe hoch. Oben bekommt sie ihren atemberaubenden Blick über den Kniep. Ich bekomme eine Wucht Strand-, Dünen- und Meergeruch in die Nase. Und dann hält uns beide sowieso nichts mehr, dann rennen wir los über den breiten Strand und durch die vorne aufgelagerten Dünen bis ans Wasser.

Seehunde

Frustration pur! Die Chefin unterbricht unseren Weg Richtung Norddorfer Hundestrand beim Naturzentrum »maritur«. »Dauert nicht lange, Carlo«, sagt sie, »ich muss mal eben die Sache mit den Robben rauskriegen.«

Ihre »Mal ebens« kenn' ich, die verheißen grundsätzlich ätzende Warterei. Ich dachte, sie wüsste alles über Robben. Nee, doch nicht, sie kriegt den Unterschied zwischen Kegelrobben und Seehunden nicht gepeilt. Peinlich, sehr peinlich, schließlich kommt sie aus Norddeutschland. Sogar in der Weser in Bremen tauchen in jedem Frühjahr Seehunde auf. Die lungern da an der Schleuse rum und fressen Fische. Wenn's ans Kinderkriegen geht, zockeln sie wieder ab Richtung Meer. Es sind immer nur ein bis zwei Stück, aber für die Bremer ist das eine kleine Sensation. Mich interessieren sie gar nicht. Mit uns Hunden sind die schließlich nicht verwandt.

Also lernen wir jetzt was über Robben. Hauptsache, es geht schnell. Robben heißen sie alle, auch die Seehunde gehören zu den Robben. Und alle haben, wie Wale, eine dicke Fettschicht, die heißt »Blubber«. Das bedeutet aber nicht, dass die die ganze Zeit vor sich hin blubbern.

Seehunde sehen anders aus als Kegelrobben und sind kleiner. Sie haben einen rundlichen Kopf und ein grau-silbriges Fell mit dunklen Flecken. Wenn sie mit ihrem runden Kopf mit den großen dunklen Augen und den Barthaaren an der Schnauze aus dem Wasser gucken, finden die meisten Menschen das »total süß«. Das hat sie aber nicht davon abgehalten, sie so massiv zu jagen, auch die Kegelrobben, dass ihre ganze Art bedroht war. Das ist jetzt verboten, zumindest in Deutschland. Ihre Kinder kriegen die Seehunde im Frühsommer. Deren Fell ist kurz und wasserabweisend. Die Milch für die Seehundbabys ist ein Krafttrunk mit 45 Prozent Fett. Die Seehundkinder werden bei Niedrigwasser auf einer Sandbank geboren. Das geht ruckzuck, dauert nur ein paar Minuten. Anders als die Kegelrobben müssen sie schon bei der nächsten Flut hinter der Mutter herschwimmen.

Okay, das war schon mal das. Der Seehund-Exkurs ist beendet.

Kegelrobben

Jetzt zu den Kegelrobben. Das muss fix gehen, damit wir hier schnell wieder rauskommen.

Kegelrobben sind, wie gesagt, viel größer als Seehunde und haben einen langgezogenen Kopf, wie ein Kegel eben. Die Kegelrobbendamen sind hell mit dunklen Flecken, die Männer dunkel mit hellen Flecken. Kinder kriegen die im Winter. Das Fell von den Babys ist weiß und langhaarig. Die Kegelrobbenmilch hat sogar noch mehr Fett als die von den Seehunden, 53 Prozent. Ihr flauschiges weiches Fell schützt die Kleinen vor dem Wind, aber nicht vor dem kalten Wasser. Bevor sie ins Wasser dürfen, müssen sie sich erstmal eine dicke Speckschicht antrinken. Die Mutter kommt an Land und säugt das Baby, mehrere Wochen lang. Allmählich wechselt das Kegelrobbenbaby sein Fell. Wenn alles gut gelaufen ist, hat es jetzt ein Fell, das gegen das kalte Wasser schützt und liegt schon bald mit seinen Kollegen zusammen auf einer Sandbank.

Der kleine Abstecher hat sich gelohnt. Die Chefin versteht diese ganze Robbensache jetzt viel besser. Ich auch, weil ich dabei war, mir blieb ja nichts anderes übrig.

Deshalb können wir froh und entspannt zum Norddorfer Strand weiterziehen. Vielleicht liegt da auch wieder ein Kegelrobbenkind rum. Dann schlagen wir gleich einen riesigen Bogen. Die haben es ohne uns schon schwer genug.

Uthlande

Utlande, was ist das? Wir sind mittendrin, behauptet die Chefin. Das hat sie bei ihrem wilden Geschnüffel in Büchern und im Internet herausbekommen. Uthlande, das sind die dem Festland vorgelagerten Landflächen, die Außenlande, mit Inseln, Halligen und Marschen in Nordfriesland. Den Begriff gibt's seit dem Mittelalter, heißt es, da gab es den Begriff Nordfriesland noch gar nicht.

Wir trödeln also gerade durch das, wie wir jetzt wissen, den Uthlanden zuzuschlagende Wittdün. Aber es fühlt sich so gar nicht uthländisch an. Die Chefin »shoppt« mit mir durch die Geschäfte, und ich langweile mich zu Tode. Im Buchladen hat sie sich einen schmalen Band mit düsteren Balladen mitgenommen, Balladen aus Nord- und Ostfriesland über Sturmfluten, Schiffsuntergänge, abgesoffene Halligen. Also werden wir voraussichtlich auch noch in einem Café landen, damit sie die grausigen Untergangszenarien einsaugen kann. Bloß nicht!

Ich starte umgehend die Aktion »Der Chefin ein schlechtes Gewissen machen«. In kurzen Abständen werfe ich vorwurfsvolle tottraurige Blicke nach oben. Zu meiner Überraschung beißt sie schon nach kurzer Zeit an, guckt auf die Uhr, ruft »Uff, so spät schon!« und verlässt mit mir die Wittdüner Geschäftsstraße Richtung Obere Wandelbahn.

Treppe rauf, Treppe runter, an der Strandbar »Seehund« vorbei und auf den Kniep. »Komm Carlo, wir wandern an den Dünen entlang bis zum Leuchtturm und dann weiter durch den Wald nach Norddorf.« Die Chefin streichelt mir über den Rücken und krault mir den Kopf. Genial! Das ist weit, richtig weit. Auf dem Weg geraten wir beide sofort in Verzückung. Meine Oberbefehlshaberin kann gar nicht mehr verstehen, warum sie eben noch durch die Läden spaziert ist.

»Amrum erdet einen«, sagt sie immer, es macht einen wieder heile, man kommt bei sich selbst an.« Was das bedeuten soll, weiß ich nicht so genau. Ich bin immer sehr nah an der Erde, komme mir auch nicht kaputt vor, und bei mir selbst bin ich eigentlich auch immer, bei mir selbst und meinem Rudel.

Aber das ist ja auch völlig egal. Wir sind einfach total gerne hier. Die Nase im Wind, mit wehenden Ohren (also nicht die der Chefin, nur meine), was gibt es Schöneres?

Der Untergang

Die Chefin befasst sich mit Untergangsszenarien, hier auf Amrum, dem Ort, wo bei ihr Geist und Seele normalerweise auf Abschalten gepolt sind.

Warum? Sie hat ein Buch über Rungholt in die Finger gekriegt. Und jetzt hat der Rungholt-Virus sie erfasst. Bis jetzt hatte ich keine Ahnung, dass es Rungholt überhaupt gibt, oder besser gesagt, gab. Meine Chefin wusste auch nichts über Rungholt. Wir sind zwar schon mit der Fähre gleichen Namens gefahren, und meiner Oberbefehlshaberin gefällt der Name, so schön nordisch, genauso wie Uthlande, auch eine Fähre, auch so schön nordisch herb. Aber was Rungholt bedeutet, hat sie nicht gewusst.

Dabei soll Rungholt ein reicher Ort auf der ehemaligen großen Insel Strand gewesen und im Mittelalter in einer einzigen Nacht untergegangen sein. Um Rungholt ranken sich Sagen, Balladen und Geschichten. Filme sind darüber gedreht worden, Musiker haben den Stoff verarbeitet.

Und jetzt will meine Chefin mehr wissen. Gab es Rungholt überhaupt? Wenn ja, war das wirklich so ein reicher Ort? Wo lag das genau? Warum ist es untergegangen, und ist das tatsächlich in nur einer einzigen Nacht passiert? Diese Fragen beschäftigen sie. Sie wühlt deswegen im Internet rum, und heute Vormittag, ich glaub' es nicht, hat sie sich bei strahlendem Sonnenschein hinter zugezogenen Vorhängen einen Film aus der Serie »Terra X« über Rungholt angeguckt. Das ist ein völlig atypisches Verhalten und nervt total. Schließlich sitze ich daneben und muss mir diesen Kram mit anhören, anstatt mit der Chefin durch die Sonne zu tänzeln.

Jetzt sind wir aber endlich draußen, auf dem Weg zum Kniep. Die Chefin sieht aus, als hätte sie das Rungholt-Fieber hinter sich. Sie hat wohl nur noch leicht erhöhte Temperatur. Vielleicht ist sie durch das Rumgehechel im Internet schlauer geworden. Wahrscheinlich. Wenn ja, wird das unweigerlich dazu führen, dass Rungholt ein Thema auf diversen Spaziergängen mit anderen menschlichen

Begleitpersonen wird. Das wiederum wird zur Folge haben, dass ihre gewonnenen Erkenntnisse auch durch mein Gehirn wabern und dort hängenbleiben werden. Einen Vorgeschmack hat mir der Film heute Morgen gegeben. Zwangsläufig sind beim Zuhören schon Rungholt-Puzzlestücke in meinen Kopf gesackt. Über kurz oder lang werde ich das Rungholt-Thema rauf und runter beten können.

Mir bleibt gar nichts anderes übrig. Hauptsache, ich kriege nicht auch so ein komisches Rungholt-Fieber wie sie.

Gottes Strafgericht

»Ein einziger Schrei – die Stadt ist versunken
Und Hunderttausende sind ertrunken!
Wo gestern noch Lärm und lustiger Tisch,
Schwamm anderntags der stumme Fisch.«

Uiuiui, was für ein gruseliges Gedicht. Die Chefin trägt es Marianne vor, und mir natürlich, auf einer sonnigen Bank in den Dünen. »Das ist das Ende von dem Gedicht ›Trutz, Blanke Hans‹ von Detlev von Liliencron«, erzählt sie. »1883 hat er das geschrieben. Marianne kennt das sogar. »›Heut' bin ich über Rungholt gefahren, die Stadt ging unter vor sechshundert Jahren‹«, rezitiert sie feierlich.

Rungholt ist 1362 in einer verheerenden Sturmflut in einer einzigen Nacht untergegangen, zusammen mit den umliegenden Ortschaften. Diese Sturmflut wurde später die Grote Mandränke genannt, das Große Ertrinken. So viel habe ich durch die Nachforschungen meiner Oberbefehlshaberin inzwischen schon mitbekommen. Und das ist hier ganz in der Nähe passiert. Irgendwo zwischen Pellworm und Nordstrand soll Rungholt gelegen haben, als Teil der großen Insel Strand.

Und warum hat das Meer 1362 so gewütet? »Ein paar Rungholter sollen sich komplett daneben benommen haben«, erzählt die Chefin die Geschichte weiter. »Angeblich haben sie ein Schwein betrunken gemacht und wollten einen Priester zwingen, dem besoffenen Tier die Sterbesakramente zu geben.« Das arme Vieh, das ist nicht schön. Aber noch viel weniger schön finde ich, dass der Priester Gott um eine gerechte Strafe angefleht haben soll. Und der hat dann prompt einen verheerenden Orkan geschickt. Marianne kennt die Geschichte auch, nur etwas anders. »Der Priester soll im Traum vor der kommenden Katastrophe gewarnt worden sein und konnte sich in Sicherheit bringen.«

Aha, das finde ich aber auch nicht richtig. Als guter Christ hätte er die anderen doch über seinen Traum informieren müssen. Dann hätten die wenigstens auch eine Chance gehabt abzuhauen.

Es ist aber ja sowieso alles nur eine Geschichte. Das darf man vermutlich nicht so wörtlich nehmen. »Der Legende nach sollen die Glocken von Rungholt bei ruhigem Wetter unter der Wasseroberfläche zu hören sein«, behauptet die Chefin. Da werde ich bei meinen Tauchgängen jetzt aber doch mal verschärft drauf achten, Sage hin oder her. »Und alle sieben Jahre soll in der Johannisnacht die Stadt unversehrt aus dem Meer auftauchen«, fügt Marianne hinzu.

Also, davon müssen die beiden doch mal was mitgekriegt haben. Die Johannisnacht ist die Nacht vor dem Johannestag vom 23. auf den 24. Juni. Wahrscheinlich haben die das immer verpennt. Draußen geht die Post ab, und die beiden schnarchen in ihren Betten selig vor sich hin.

Das darf doch gar nicht wahr sein.

Maritimes

Die Chefin liebt seemännische Ausdrücke. Das hatten wir ja schon. Worte wie Backbord, Steuerbord, Flutstrom, Ebbstrom, Gezeiten und Kabeltonne locken bei ihr Bilder von Himmel und Meer und Weite hervor. Wenn sie solche Ausdrücke hört, hat sie ein wohliges Gefühl. Das ist schön, weil es indirekt auch mir zu Gute kommt. Ich liebe es, wenn meine Oberbefehlshaberin gute Laune hat.

Eigentlich ist die Seefahrt aber überhaupt nicht romantisch, sondern sie ist schon immer gefährlich gewesen, weil das Meer gefährlich ist. Wenn der Wind die Flut zur Sturmflut hochschiebt, dann kann die Not sehr groß werden.

Auch das Wattenmeer mit seinen sich ständig verschiebenden Untiefen ist voller Gefahren für die Seefahrt. Meine Chefin hat das hautnah erleben dürfen. Ihre beiden längst erwachsenen Söhne wären im zarten Alter von drei und fünf Jahren beinahe Halbwaisen geworden. Ihr Vater ist im Wattenmeer mit zwei anderen Seglern in Seenot geraten. Die Sturmflut begann ganz unromantisch den schönen zum Segelschiff umgebauten Kutter zu zerschlagen, mit dem sie unterwegs waren. Wenn die drei es nicht geschafft hätten, den ausgefallenen Funk doch noch einmal in Gang zu kriegen, hätten sie keine Chance gehabt. So konnte die Deutsche Gesellschaft zur Rettung Schiffbrüchiger zu Hilfe kommen. Ein Hubschrauber der Bundeswehr barg die Männer aus Seenot. Das Boot wurde von den Wellen zertrümmert.

Trotzdem kriegt meine Chefin immer diesen sehnsüchtigen Blick, wenn sie maritime Ausdrücke hört oder Bilder und Filme vom Meer sieht. Ganz vielen Menschen geht das so.

Aber wenn ich ehrlich bin, geht mir das ähnlich. Maritime Ausdrücke interessieren mich nicht. Wenn ich aber höre, dass wir ans Meer fahren, dann freue ich mich wie verrückt, auf die Weite, den Wind, den Sand und das Wasser. Genau wie meine Chefin. Wir können es beide dann kaum erwarten, endlich dort zu sein.

Geschütztes Terrain

Die Chefin und ich sind derzeit Teil des Weltnaturerbes. Wir hinterlassen hier unsere Fußspuren für die Nachwelt, sofern das Meer sie nicht gleich wieder wegspült oder der Wind sie verweht.

Der Chefin gefällt das. Sie sagt, diese Landschaft sei einzigartig, die größte zusammenhängende Wattfläche der Welt. Da bin ich ganz bei ihr, um diesen beknackten Ausdruck mal zu verwenden. Ich habe ziemlich lange gebraucht, um die Bedeutung dieser eigenartigen Redewendung zu verstehen. Ich finde es aber auch einzigartig hier. Soviel rumrennen, buddeln, schnüffeln, schwimmen und tauchen kann ich zuhause nicht.

»Weil das hier so einzigartig ist«, fährt meine Oberbefehlshaberin fort, »wird das alles geschützt.« Auch da bin ich ganz auf ihrer Seite. Nach meinem beinahe tödlichen Zusammenstoß mit diesem bissigen Hund zuhause bin ich überaus froh, wenn alles geschützt wird, vor allem ich selbst. Aber ich habe den Verdacht, sie meint was anderes.

Sie ist froh darüber, dass die Menschen die Inseln und die Halligen und das ganze Wattenmeer von Dänemark bis Holland vor sich selbst schützen. Nationalpark ist das hier schon lange, aber jetzt ist auch offiziell geklärt, dass die Natur hier so einzigartig ist, dass sie für die nächsten Generationen erhalten bleiben muss. Deutschland, die Niederlande und Dänemark haben sich dazu verpflichtet, für diesen Schutz zu sorgen.

Was ist denn so gefährlich an den Menschen, dass sie sich vor sich selbst schützen müssen? Die Menschen in meinem Rudel kommen mir alle ganz friedlich vor.

Aber, wenn ich die Chefin richtig verstehe, dann ist sie davon überzeugt, dass auch die Menschen einen ausgeprägten Jagdinstinkt haben, so ähnlich wie ich. Nur dass sie in der Regel nicht irgendwelchem Viehzeug hinterhersprinten, sondern dem Geld. Und wenn sie mit irgendwas Geld machen können, dann scheinen sie in eine Art Jagdrausch zu verfallen. Jagdrausch kenne ich, das kann ich sehr gut nachvollziehen. Aber bei den Menschen scheint der Jagdrausch noch ausgeprägter zu sein als bei uns. Es kann passieren, dass sie alles niederwalzen, was bei der Jagd nach Geld im Weg ist. Sogar die Grundlage für ihr eigenes Leben und das ihrer Nachkommen und der anderen Mitbewohner der Erde. So gaga können die dann werden.

Sagenhaft, dass hätte ich diesen lahmen Zweibeinern gar nicht zugetraut. Und vor diesem Zustand kompletter Hirnlosigkeit müssen sich die Menschen durch Regeln, Gesetze und Strafen selbst schützen. So sieht das zumindest die Chefin.

Auweia.

Die Moräne

Auf der Ostseite von Amrum, zwischen Steenodde und Nebel, guckt der Inselkern aus der Insel raus. Da stehen wir gerade rum, Marianne, die Chefin und ich. Weil sich das Meer bei schweren Orkanfluten in das Kliff gräbt, purzeln Teile des Inselkerns hier sogar ins Watt. In Form von Geröll und großen und kleinen Steinen liegen sie unten am Kliff, da wo sich Massen von Austernfischern, Eiderenten und anderen Seevögeln herumtreiben.

»Amrums Kern soll aus einer Moräne bestehen«, behauptet die Chefin. Marianne kennt die Geschichte auch. »Kann man sich wirklich nicht vorstellen, dass hier unter uns gewaltige Schuttablagerungen aus Ton, Sand, Kies und Steinen liegen«, antwortet sie. »Steine, die teilweise so groß wie Häuser sein sollen.«

So ganz nebenbei erfahre ich, dass die in dem Eis steckten, das während einer Eiszeit mit riesigen Gletschern aus Skandinavien hierher gelangte. Die Gletscher haben diesen Schutt auf ihrem langen Weg einfach mitgenommen. Als am Ende dieser »Saale-Eiszeit« die Gletscher abschmolzen, blieben diese Geröllfelder hier liegen, oft viele Meter dick. Also laufen wir hier auf Gesteinshalden herum. Auf Föhr und Sylt soll das genauso sein. In der Saale-Eiszeit soll hier alles von Eismassen bedeckt gewesen sein, bis zu 1000 Meter mächtig.

Aber jetzt reicht es mit der Geröllgeschichte. Da kommt gerade ein Hund, den ich mal eben begrüßen muss. Und mein Begleitpersonal hat auch schon wieder ein anderes Thema. Die beiden Damen starren begeistert auf mehrere Reihen von Austernfischern, die stumpf und dumpf unten am Kliff in dem Moränengeröll rumstehen und alle in die gleiche Richtung gucken.

Orkanflut

Die Chefin und ich sind jetzt Rungholt-Experten. Meine Rudelführerin hat sich tatsächlich ein zweites Mal den Terra X-Film über das Atlantis des Nordens reingezogen. Ich saß ein zweites Mal daneben. Sie hat den Inhalt des Films und alles andere, was sie über Rungholts Untergang wusste, brühwarm an Marianne weitergegeben. Und ich lief dabei neben den beiden her. Ich bin jetzt also bestens im Bilde, nur kann ich die Geschichte von Rungholt an niemanden weitergeben, weil sie von meinen Hundefreunden keinen interessiert.

Rungholt hat offenbar tatsächlich existiert, und es war sehr wohlhabend. Zu Wohlstand sollen die Rungholter durch den Handel mit Salz gekommen sein, Handel auch mit fernen Ländern. Das haben Tonscherbenfunde im Watt ergeben.

Wo sie das Salz her hatten? Das haben sie aus dem Torf gewonnen, der viele Jahre zuvor vom Meer überschwemmt worden und deshalb sehr salzhaltig war. Zu dem Zweck mussten sie den Torf in großem Ausmaß abbauen. Das ist leider komplett nach hinten losgegangen. Das Land wurde dadurch tiefer gelegt und bot dem Meer sehr gute Angriffsflächen.

Das allein hätte aber nicht zum Untergang von Rungholt geführt, heißt es. Denn Rungholt ist tatsächlich untergegangen, zusammen mit 30 weiteren Ortschaften, und mit hoher

Wahrscheinlichkeit tatsächlich in nur einer Nacht. In der großen Mandränke 1362 hat ein krasser Orkan ein riesiges Stück aus der damaligen Insel Strand herausgebissen. Dieser Orkan hatte vorher auch an der englischen Küste eine Ortschaft vernichtet. Dass der Orkan so stark war, hatte möglicherweise wiederum mit Klimaveränderungen, Erderwärmung oder auch einem schweren Tsunami zu tun, sagt man heute.

Warum hat der Orkan nicht die ganze Insel Strand platt gemacht? Durch die Gletscher der Eiszeit war hier eine hügelige Landschaft aus Bergen und Tälern entstanden. Die Berge bestanden aus Moränengeröll wie das unter Amrum, Föhr und Sylt. Die Täler sollen sich mit dem Ende der Eiszeit und dem Anstieg des Meerespiegels mit Sedimenten gefüllt haben. Die waren weich und nachgiebig. Die Rungholter hatten Pech, sie sollen über einem solchen Tal gesiedelt haben. Das wussten sie aber nicht. Das Meer konnte, als es eingedrungen war, den Untergrund unter ihnen wegreißen. Die Rungholter hatten gar keine Chance.

Die nächste schwere Orkanflut kam dann 1634. Die war noch verheerender. Seitdem sehen die Uthlande im Wesentlichen so aus wie heute. Aus einem zusammenhängenden von Wasserarmen durchzogenen Gebiet sind einzelne Inseln und Halligen in der Nordsee geworden.

Und auf einer von denen, auf unserem heißgeliebten Amrum, treten wir jetzt aus der Haustür und brechen zu einer langen Wanderung in der Sonne auf, komplett orkanflutfrei.

Die Geliebte des Blanken Hans

Amrum, sagt man, sei die Geliebte des Blanken Hans. In meinen Augen ist das eine komische Aussage, naturromantischer Blödsinn, typisch Mensch. Der Blanke Hans, also das Meer, wirkt, besonders, wenn es in wilder stürmischer Verfassung ist, doch nicht wie ein Liebhaber.

Aber warum bezeichnen die Menschen Amrum dann als die Geliebte des Blanken Hans? Die Antwort auf diese Frage hat die Chefin gefunden: »Amrum wird ›Die Geliebte des Blanken Hans‹ genannt, weil der Kniepsand und die anderen davor liegenden Sandbänke zusammen mit dem breiten Dünengürtel die Insel vor Sturmfluten beschützen.«

Die Quadratkilometer große Sandfläche Kniepsand, die heute bei herrlichem Sonnenwetter und wenig Wind wie ein riesiger, träge vor sich hin dösender, zu Amrum gehörender Strand daherkommt, ist in Wirklichkeit eine wandernde Sandbank. Das hat die Chefin bei Georg Quedens gelesen. Der Motor, der diese Sandbank in Bewegung hält, sind der Wind, im Wesentlichen der Westwind, und die Meeresströmungen. Die beiden drapieren diese Sandbank immer wieder anders um Amrum herum. Gestern Abend hat die Chefin ihre neuesten Erkenntnisse begeistert Harald am Telefon mitgeteilt. Dessen Gesichtsausdruck hätte ich sehr gerne gesehen. Vermutlich hat er seine Augen flehentlich zur Decke gerichtet. Aber das hat ihm nichts genützt. Wenn die Chefin was Neues erfahren hat, dann muss sie es loswerden.

»Vor 1800 sah der Kniepsand aus wie ein abgespreizter Finger, der ins Meer ragte«, teilte sie Harald mit. Dieser Finger soll fast 15 Kilometer lang gewesen sein. 15 Kilometer ins Meer rauslaufen und wieder zurück, weil es da vorne ja nicht weiterginge. Das könnte mir gefallen. Aber die Chefin würde vermutlich auf dem Rückweg zusammenklappen. Egal, diese Möglichkeit besteht sowieso nicht mehr. Wind und Strömungen haben dieses Gebilde nämlich in einen weiten Bogen hinaus aufs Meer verwandelt. Auch ein schöner weiter Weg. Aber, Pustekuchen, auch das gibt es nicht mehr. Allmählich haben Wind und Strömungen diesen Bogen an die Insel herangeschoben, parallel zu ihr, etwa einen Kilometer entfernt. Dazwischen war Meerwasser. Wind und Wellen verlängerten den Bogen auch noch weiter nach Norden. »Die Insulaner nutzten das Wasser zwischen diesem Arm des Kniepsands und der Insel als

›Kniephafen‹. Der war so tief, dass darin Austernkulturen angelegt wurden und große Schiffe ankern konnten«, berichtete die Chefin Harald. Aber auch das ist vorbei, denn Wind und Strömungen frachteten immer mehr Sand heran, bis der Kniephafen versandete.

Also sind die Sandbänke inklusive Kniepsand sowas wie ein Liebesbeweis des Meeres an die Insel! Eine Frage bleibt aber: Wenn Amrum die Geliebte des Blanken Hans ist, was ist dann die sandbanklose und infolgedessen von Sturmfluten gebeutelte Insel Sylt für ihn? Die ungeliebte zänkische Gattin?

Abschalten

Woran kann man erkennen, dass die Chefin nicht mehr ganz jung ist? Zum Beispiel daran, dass sie schon fast 50 Jahre auf diese Insel kommt. Es gibt natürlich auch andere Merkmale für ihr ziemlich fortgeschrittenes Alter. So alt wie die Chefin ist, kann ich jedenfalls gar nicht werden. Solange sie nicht schlapp macht, ist das aber völlig egal.

Jedenfalls hat meine Oberbefehlshaberin in dieser langen Zeit viele Veränderungen auf Amrum miterlebt. Sie kann gar nicht glauben, dass der Strand bei Wittdün so breit geworden ist und noch immer breiter wird. Von einer Badebucht kann dort gar keine Rede mehr sein. Wind und Strömungen haben in den letzten Jahren einen Sanddamm geformt, der diese inzwischen sehr flache Wattbucht immer weiter verschließt. Vorne am Kniep vor Wittdün liegt jetzt eine ganze Dünenkette. Die war früher gar nicht da, behauptet die Chefin. Beim Quermarkenfeuer auf Höhe der Vogelkoje, da, wo die Insel einen Bogen macht, haben sich große Dünen in der Mitte auf dem Kniep aufgebaut. Die gab es ihrer Meinung nach früher auch nicht. Ehemalige Holzbohlenwege in den Dünen sind komplett vom Sand überweht. Man kann sie nur noch ahnen.

Das Verrückte ist, dass gerade das, diese krassen Veränderungen, dazu beitragen, dass meine Chefin hier so weit runterkommt wie sonst nirgendwo. Je kleiner sie sich fühlt im Verhältnis zu den gewaltigen Veränderungen in der Natur, desto besser geht's ihr. Ich muss das ja nicht verstehen. Ich fühle mich hier so toll, weil ich laufen, buddeln, schwimmen und tauchen kann. Dazu viele Begegnungen mit gut gelaunten Hunden, regelmäßige Mahlzeiten, ausreichende Streicheleinheiten von der Chefin. Mehr brauche ich nicht.

Aber ich mache mir auch nicht ständig Gedanken über das Gestern, Heute, Morgen und Übermorgen. Die Chefin schon, und die reduzieren sich umso mehr, je länger wir hier sind. Das nennen die Menschen »abschalten«. Sie schaltet ab. Sie stiert aufs Meer, über den Strand, in den Himmel. Sie läuft rum, als hätte sie jemand aufgezogen und vergessen sie wieder abzustellen. Irgendwann bemerkt sie erstaunt, dass ihr vom vielen Rennen die Füße wehtun. Hier muss sie auch nicht aufpassen, dass ein anderer Hund versucht, mich aufzufressen. Die meisten sind tiefenentspannt und sowieso an der Leine.

Ich finde das alles ganz wunderbar. Von mir aus können wir hierbleiben. Die Chefin findet das auch ganz wunderbar. Deshalb kommt sie immer wieder her, auch mit mir. Ausnahmsweise sind wir beide voll und ganz einer Meinung.

Rückkehr

Es regnet und der Wind weht stark. Kalt ist es auch. Wir stehen unten auf dem Autodeck an der Reeling. Die Chefin will den Moment nicht verpassen, wenn sie zum allerletzten Mal den Amrumer Leuchtspargel sehen kann. Nachdem sie das hinter sich gebracht hat, traurig wie jedes Mal, lassen wir uns unter Deck über das Wattenmeer schaukeln. Die Chefin guckt sich das Meer durch die großen Panoramascheiben an, ich lege mich auf den vibrierenden Boden. Augen zu. Unser erster Winterurlaub auf Amrum ist vorbei.

Was haben wir alles gemacht! Mit Marianne durch die Nacht von Wittdün bis Norddorf gewandert, Geister und den Winter vertrieben, Wellhornschnecken nach dem Sturm gesammelt, ein Kegelrobbenbaby weiträumig umkreist, im stillen dunklen Norddorf in tiefer Nacht den letzten Gassigang absolviert, ganz leise, um niemanden zu wecken. Den Kniep bei Wittdün sind wir hochgewandert bis zum Meer und immer wieder zum Hundestrand in Norddorf marschiert, mal durch die Dünen, mal durch den Ort, oder sogar mit einem Riesenumweg um die ganze Odde. Schwer zu sagen, was das Schönste war. Jeder Tag war eine Überraschung. Sogar den Friedhof der Namenlosen habe ich kennengelernt. Und im Wald sind wir auch rumgestromert. Wie immer die perfekte Zuflucht, wenn das Wetter für den Kniep nicht passt.

Jetzt haben wir alle Jahreszeiten auf Amrum kennengelernt. Wenn wir von Bremen nach Amrum fahren, erleben wir die sogar zweimal. »Die Fliederblüten sind in Bremen schon braun. Aber wenn wir auf Amrum ankommen stehen sie gerade in voller Blüte«, freut sich die Chefin. Genauso ist es mit dem bunten Herbstwald und dem Badewetter im Sommer. Und wenn wir Ende des Winters nach Hause fahren, begrüßen uns dort die ersten Frühlingsboten.

Und dann geht es auch bald schon wieder los, im Frühjahr, im Sommer, im Herbst oder im Winter. Egal, Hauptsache unser Ziel heißt Amrum. Wir haben uns ganz wunderbar an die Schwingung der Nordsee angepasst, kommen und gehen wie Ebbe und Flut. »Auf Wiedersehen Amrum» und »Willkommen auf Amrum«!.

Ein Nachwort

Die Chefin gehört nicht zu den Zweibeinern, die ständig auf ihr Smartphone starren. Aber jetzt sitzt sie manchmal auf einer Bank und guckt aufs Smartphone statt in die Gegend oder auf mich. Dabei ertönt Musik. Das ist sehr untypisch für sie.

Angefangen hat das Anfang Januar 2021, in Bremen, an einem ziemlich grauen Tag, was mir allerdings herzlich egal war. Die Menschen befanden sich im Lockdown wegen dieser Corona-Pandemie. Die meisten Geschäfte waren geschlossen. Für mich ging das total in Ordnung, dann konnten sie mich da nicht mit reinschleifen. Die Kneipen und Restaurants waren auch geschlossen. Wunderbar, dann brauchte ich da nicht mit ihnen rumzuhängen. Die »Flaschenpost«, unser Lieblingskiosk, hatte geöffnet. Das war die Hauptsache, dort bekomme ich immer mindestens ein Leckerli.

Mir und meinen vierbeinigen Kollegen ging dieses eigenartige Corona-Ding, ehrlich gesagt, sonstwo vorbei. Unsere Rudelführer mussten trotz Lockdown mit uns raus. Sie wanderten sogar häufiger mit uns durch die Gegend als sonst. Wir trugen keinen Mundschutz (wir haben ja auch gar keinen Mund, sondern eine Schnauze). Wir mussten uns nicht ständig die Hände waschen (wir haben schließlich keine), und Abstand zu halten brauchten wir auch nicht. Alle Hunde beschnüffelten sich nach wie vor fröhlich von allen Seiten oder gingen sich aus dem Weg, weil sie sich nicht leiden können.

Der einzige Nachteil: Mein Begleitpersonal bekam langsam schlechte Laune. Das ist nicht schön, auch nicht für mich. Ich brauche meine Leute gesund und ausgeglichen. Nur deshalb befürwortete ich von ganzem Herzen, dass die Chefin auf ihr Smartphone starrte und dabei stets das gleiche Lied ertönte. Und mir gefällt auch, dass sie das immer noch manchmal tut, obwohl der Lockdown schon lange vorbei ist. Ich habe festgestellt, dass sich dadurch ihre Stimmung schlagartig verbessert. Warum?

Sie guckt sich an, wie die Amrumer Trachtengruppe zu dem südafrikanischen Song »Jerusalema« an allen möglichen Stellen auf

Amrum herumtanzt. Die Frauen tanzen in ihren Friesentrachten am Kniep, in den Dünen, im Wald, in Nebel, in Norddorf, beim Anleger in Wittdün, auf der Mole in Steenodde, auf dem Bootssteg in Steenodde, bei der Vogelkoje, auf der Inselstraße, einfach überall. Und das macht der Chefin jedes Mal gute Laune. Was will ich mehr?

Darum hier mein herzlicher Dank an die Amrumer Trachtentanzgruppe, und zwar in dem Original-Belobungsjargon, den die Chefin immer für mich drauf hat:

Super gemacht, ganz toll!

Danksagung

Ich bedanke mich für kritisches und konstruktives Gegenlesen meines Textes, für Zustimmung und Einverständnis und Ermunterung weiter zu machen, für fachliche Auskünfte und gute Vorschläge bei

Norbert Beckmann, Almut Claußen, Harald Deerberg, Trude Diedrichsen, Nadia-Isabell Emme, Marianne Friedrich, Christine Krause, Erk Martinen (†), Ramona Noack, Fritz Rapp und Rita Wegner.

Sehr traurig Erk, dass du dieses Buch nicht mehr selbst in den Händen halten kannst.

Schön, Nadia, dass du mir eine Stofftasche mit dem aufgedruckten Bild von Carlo und dem Namen meines ersten Buches geschenkt hast. Die hängt gegenüber von meinem Arbeitsplatz und hat mich stets daran erinnert, dass ich weitermachen soll.

Natürlich danke ich auch meinen Verlegern, Linda und Kai Falkenberg, dafür, dass sie auch aus diesem Text wieder ein schönes Buch gemacht haben.

Zu guter Letzt bedanke ich mich bei Carlo, meinem vierbeinigen Freund, eine Quelle von Freude und Inspiration.

Spannender Nordseekrimi!

Elke Marion Weiss

Wattlauf mit dem Tod

288 Seiten
Taschenbuch, Format 14 x 19 cm
12,90 Euro

ISBN 978-3-95494-222-4

Der abgebrannte Journalist Adrian Blau muss sich seit seinem Rauswurf aus der Redaktion selbst nach lukrativen Aufträgen umtun. Da kommt ihm das unerklärliche Verschwinden der Malerin Jette Alba wie gerufen. Entführung? Erpressung? Oder gar Mord? Adrian macht sich auf die Suche nach der schönen Künstlerin. Die Recherche führt ihn auf eine friedliche nordfriesische Insel. Dort muss er erleben, wie plötzlich das Böse in die Idylle eindringt: Brandstiftung, manipulierte Autobremsen, Baugruben fordern tödliche Opfer. Stehen die Morde in Zusammenhang mit einer ménage à trois, in die auch die Frau eines Politikers verwickelt ist? Oder geht es um das große Bauprojekt Wattenmeerpark am Rande eines Vogelschutzgebiets, das einen Inselkrieg in Gang gesetzt hat, der an Theodor Storms Schimmelreiter erinnert? Oder verbirgt sich etwas Größeres, Gefährlicheres dahinter?

Monika Bannas

Der Stadtschnüffler

Erkenntnisse eines Bremer Hundes
148 Seiten, Taschenbuch, Format 14 x 12 cm
12,90 Euro
ISBN 978-3-95494-166-7

Unsere Krimi-Bestseller

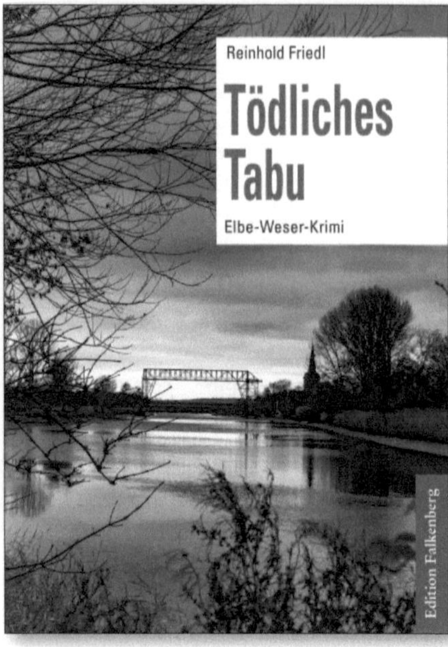

Reinhold Friedl
Tödliches Tabu

Elbe-Weser-Krimis, Band 1
196 Seiten
Taschenbuch, Format 14 x 19 cm
12,90 Euro
ISBN 978-3-95494-306-7

Anja Schwarze
Kurs halten auf Mord

Ein Krimi aus dem Alten Land
176 Seiten
Taschenbuch, 12,90 Euro
ISBN 978-3-95494-266-4

Katrin Steengrafe
Mord an der Wümme

Ein Krimi in HB und ROW
244 Seiten
Taschenbuch, 12,90 Euro
3. Aufl. 2022
ISBN 978-3-95494-264-0

Christa Picard
Mord im Moorexpress

Ein Teufelsmoor-Krimi
192 Seiten
Taschenbuch, 12,90 Euro
5. Aufl. 2022
ISBN 978-3-95494-276-3